ちくま新書

マーケットデザイン——最先端の実用的な経済学

坂井豊貴
Sakai Toyotaka

1032

マーケットデザイン——最先端の実用的な経済学【目次】

イラストレーション＝飯箸 薫

はじめに

日本人は「ものづくり」という言葉を好みます。この言葉から多くの人が想像するのは職人や技術者、町工場や工業地帯といった製造業に関する事柄ではないでしょうか。

確かにこれらはモノを作ることに関係しています。物理的に何かを製作する「理工的ものづくり」と言ってもよいでしょう。しかし、ものづくりは物理的なモノにしか適用できない概念ではありません。

この本はマーケットデザインという新しい経済学の分野について解説していきます。おそらくまだ多くの人にとってマーケットデザインとは聞き慣れない言葉でしょうが、これは「経済学的ものづくり」に関する学問分野なのです。

理工的ものづくりでは製品の開発や改良を行います。例えば機械を作ったり、穀物の品種改良をしたり、人間工学に基づく椅子を作製することは理工的ものづくりの典型です。

しかしモノがどんなに優れていても、それが有効活用できる人の手に渡らなかったら製品としての価値は生まれず、社会を豊かにすることはできません。

例えば、私は車の運転免許を持っていません。ですからどのように速くて美しい車であっても、それがフェラーリ・テスタロッサだろうがロールスロイス・シルバー・レイスだろうが、私が持っては宝の持ち腐れです。

ついでに言えば私はアルコールが体質的にだめです。美味しいお酒というものがよく分からず、たまにお土産に銘酒を貰うと申し訳なく思います。

さらに言うと、私はすぐに肩と腰が凝る体をしており、普通の椅子に長く座ると体が痛くなります。しかしそれゆえ、人間工学に基づき設計された椅子に座る心地よさを、しみじみと感じるのは得意です。

つまりモノが優れていることと、それが適切な持ち手のもとにあることは別次元の概念なわけです。

ではどうすればモノは適切な持ち手のもとに向かうのでしょうか。

市場でモノを流通させるというのはひとつのやり方です。モノを必要とする人が市場で定まる価格を支払い、それを手に入れるわけです。この仕組みはなかなか強力で、効率的なモノの配分を導くというのは多くの経済学の教科書が教える通りです。

しかし当たり前のことですが、私たちは何でもお金と交換するわけではありません。例えば臓器や人身の売買は、ほぼ全ての国で認められていません。また高校や大学など、学校に入学する権利が売られることも普通はありません。労働市場という言葉はありますが、お金を払えば面接回数が減るような就職活動や、社内で課長や部長のポストを購入できるような企業もおそらくありません。

そうしたケースでは市場はそもそもお呼びでないわけです。

経済学ではよく「市場の失敗」という言葉が用いられます。例えば、公害が出るから政策で対応をとか、生活に困っている人がいるから公的扶助をといった文脈で、「市場の失敗」が理由だと言うようにです。

しかしこれはずいぶん乱暴な言葉の使い方です。なぜならその言い方の背後には、本来なら市場はうまくいくはずだという前提があるからです。そして言葉とは恐ろしいもので、そうした表現が、その根拠の無い前提に対してある種の実在感を与えてしまいます。

むろん本書はそのような前提を共有しません。市場に限らずあらゆる社会制度は基本的に、人々が生活で使う道具のようなものだからです。道具が万能でないのは当たり前です。洗濯機に電子レンジの役割を期待したり、パソコンに掃除機の役割を求めたりするのは賢明でありません。

ではお金との交換で片付かない、あるいは片付けるべきでないようなケースで、モノや人材などをうまく配置するためにはどうすればよいのでしょうか。もう少しいうと、どのような「経済学的ものづくり」をすれば事態を改善できるのでしょうか。

本書で扱う問題の例をいくつか挙げてみましょう。

○腎移植マッチング（第一章）
腎臓病の患者と、その人に腎臓をあげたいドナーがいるが、免疫の相性が悪く移植ができない。しかしそのような患者とドナーがたくさんいるときには、患者とドナーを相性よく組み替えることで、多くの移植が可能になるかもしれない。ではどのように組み替えればよいか。

○学校選択マッチング（第二章）
ある地域にはいくつかの学区があり、それぞれの学区には、通学距離やいじめなどの理由で、別の学区の学校に進学を希望する生徒がいる。各学校には定員があるが、どうやって彼らの希望を満たしていけばよいか。

腎臓のドナーも学校への入学も、売ったり買ったりするものではありません。そこで腎移植マッチングでは患者とドナーを、学校選択マッチングでは学生と学校をそれぞれ組み合わせる問題として取り扱います。

組み合わせを専門的に扱う学問分野がマッチング理論です。この理論はデビッド・ゲールとロイド・シャプリーが1962年に発表した論文で始まった応用数学の一種です。数学と聞くと尻込みしてしまう方もいるでしょうが心配には及びません。

その論文のタイトルは『大学入学と結婚の安定性』という変わったもので、しかも文中に数式は一本も出てこないのです。

さすがにそれ以降のマッチング理論の研究では数式が多く使われます。しかし議論の骨子はほとんどの場合、ごく簡単な例で伝えることが可能です。本書では平易な例とストーリーを組み合わせてマッチング理論の本質に迫っていきます。

ちなみにシャプリーはマッチング理論とマーケットデザインへの貢献を称えられ、2012年にアルビン・ロスとノーベル経済学賞を共同受賞しました。腎移植も学校選択も従来の経済学には馴染みが無かった対象です。それがなぜ「マーケット」デザインでノーベル「経済学」賞なのかというと、これは市場のアイデアを援用して経済学的なものづくりを行ったからです（腎移植マッチングも学校選択マッチングも米国では既に実用化が済んでいます）。

もちろんマーケットデザインでは、お金で取引するいわゆる市場も扱います。しかし市場にも出来の良いものと悪いものがあり、高質な市場を巧妙に設計しようという点が、いわゆる通常の経済学とは異なります。

例えば本書では次のような問題を考察します。

○オークション（第三章）

政府が事業免許を売るとして、どうすれば有効活用できる業者に高値で買ってもらえるだろう。オークションで売るのは一案だが、オークション以外の選択肢と比べてそれはどう優れているのか。オークションの方式にも色々あるが、どの方式を用いればよいのだろうか。

一個の物を売るのはオークションの問題としては最も単純ですが、それでもベストな方式を探るのは容易でありません。例えば、一番高い値を付けた人にその金額を払ってもらうというごく普通の方式だと、できるだけ安く競り落としたいという入札者の戦略的な行動が交差して、思わぬ安値が付いてしまうかもしれません。

これが複数の物を売るとなると問題はさらに難しくなります。例えば机と椅子を売るとして、単独で売ればよいのか、セットで売ればよいのか、それとも両者の可能性を許容して売ればよいのでしょうか。しかしどうやって?

金額的なことを言えばオークション理論という知識の経済価値は莫大です。どの方式を使うかで売り上げに億・兆単位の違いが生じえます。例えば米国で1994年から行われた一連の周波数免許のオークションでは、ポール・ミルグロムらオークション理論の専門家が精巧なオークション方式をデザインしました。それにより上がった収益の総額は2012年4月まででおよそ780億ドルです。

経済学の祖と呼ばれる18世紀の経済学者アダム・スミスは主著『国富論』で、市場の価格調整機能を「神の見えざる手」と表現しました。市場をブラック・ボックスのように捉えたわけです。

マーケットデザインの研究において市場はブラック・ボックスではありません。建築家が建築学に基づき建物を設計するように、経済学者は経済学に基づき市場のルールを設計します。可視化された箱の中を私たちは覗きます。

こんにち急速に注目を集めるマーケットデザインは、先端理論として紹介されることが多くなってきました。たしかに先端的ではありますが、それは伝統の否定のうえに成り立つものではありません。むしろ伝統的な経済学の実用を推し進めた結果としてマーケットデザインは確立してきました。

マーケットデザインの「マーケット」から「市場原理主義」を危惧するのも、「デザイン」から「計画経済」を想起するのも、ともに正しくありません。この分野は、腎移植マッチングや学校選択マッチング、オークションのような社会的な仕組みを、一つひとつ地道に改良することを考えます。そうした地味な作業の連続が、社会を少しずつ住みよくしていくというのが私たちの基本姿勢です。

1870年代に現代経済学の礎を築いたレオン・ワルラスは、経済学を技術として活用することに深い関心を抱いていました。経済学の諸分野は大抵どれも役に立つのですが、マーケットデザインは役に立つことが分かりやすく、また使いやすいのが特徴です。

この本では、その中でも特に応用が目覚ましいマッチングとオークションを主に扱います。第一章と第二章がマッチングで、第三章がオークションに対応しています。オークションに強い関心がある方は第三章から読み進めるのも可能です。

それではこの経済学的技術の結晶を見ていきましょう。

第一章
組み合わせの妙技
――アルゴリズム交換とその威力

ものごとは組み合わせを変えるだけで劇的にうまくいくことがあります。チームのメンバーを相性良くなるよう入れ替えたり、友人同士で互いに欲しいと思っているものを交換したり、あるいは同じ地方への出張が二件あるとき日程を一日にまとめるなどは、そうした例です。

組み合わせを変えるというのは、何かを足したり引いたりすることではありません。単に、既に存在するものを組み替え編成し直すだけです。それでもチームの働きがよくなったり、欲しいものを手に入れられたり、時間を効率化することができる。そう考えてみれば組み合わせの改善とは、ものごとをうまく進めるうえでずいぶんと本質的なことです。

では一体、具体的にどうすれば組み合わせを改善できるのでしょうか。それについて確立した方法のようなものはあるのでしょうか。この章では腎臓病の患者とドナーの組み替えを題材にしてその問いを考えていきます。

いきなり「腎臓」と聞くと唐突な印象を持たれるかもしれません。この本はマーケットに関するものだろう、患者とドナーの組み合わせのどこが経済学なのかという声も聞こえてきそうです。いったい経済学に何が起きているのか、腎臓の説明から話を進めていきましょう。

†腎臓ドナーを交換しよう

人間ひとりの身体の中には10万キロメートルを超す血管が網目のように張り巡らされており、そこを絶え間なく血液が循環しています。その目的は酸素や栄養などを身体の各所に届けることです。

血液は循環するうちに老廃物が溜まっていくので、腎臓が血液をろ過して、それらを尿として体外に排出します。腎臓は握りこぶし程度の大きさしかありませんが、1分間に約1リットルの血液が巡っている、血液流量が最も多い臓器です。

腎機能が正常時の約3割を下回った状態を腎不全といい、さらに機能が極度に低下した状態を末期腎不全といいます。末期腎不全になると尿毒症がひどくなり、そのままでは生命活動を維持することができません。

そのため末期腎不全の患者に対しては透析がよく行われます。透析とは、血管にチューブを通し、体内の血液を体外の人工腎臓機械に流してろ過し、それを体内に戻すという治療法です。この治療法は毎回3時間から5時間程度、週に2、3回行わねばならず、とても時間を取るという問題があります。

日本の透析技術は世界でも最高水準ですが、それでも効果は限られています。透析患者は腎機能の低下による諸症状に対応しつつ、水分や食物の摂取についての厳しい制限を守らなければなりません。

日本透析医学会の発表によれば、2011年末の時点で日本国内には30万人を超す人が透析を受けています。しかし透析により腎機能が回復することはなく、患者はこれを生涯続ける必要があります。

そこで根本的な治療法として考えられるのが腎移植です。ひとりの人間は腎臓をふたつ持っており、片方の腎臓を失っても（基本的には）問題なく生活していくことができます。よって、ある末期腎不全の患者に対して、別の人がドナーとして腎臓の片方をあげれば、ドナーに実害が無くその患者を助けることができます。これを生体腎移植といいます。

つまり次のようなことが可能なわけです。いま妻が末期腎不全になっており、根本的に治療するため移植を必要としている。そしてその夫は、妻に自分の腎臓の片方をあげたいと思っている。このとき夫がドナーとなり妻に腎移植を行えば、妻を助けることができる。

ところが腎移植は誰の間でも可能というわけではありません。血液型でいえば輸血と同

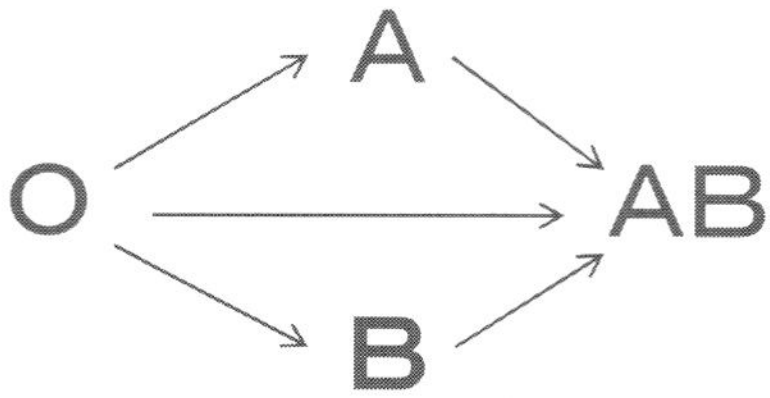

図１　血液型による適合性

じで、以下の適合性条件が存在します。

・ドナーと患者の血液型が同じならば腎臓をあげることができる。
・O型のドナーからA、B、AB型の患者へ腎臓をあげることはできるが、その逆はできない。
・A型とB型のドナーはAB型の患者へ腎臓をあげることができるが、その逆はできない。
・A型とB型の間では、互いに腎臓をあげることはできない。

これを血液型による適合性といいます（図1）。血液型が適合していない移植は、患者の体がドナーの腎臓を異物として判断してしまい強い拒絶反応を起こしてしまいます。

ただし近年の日本では血液型が不適合であっても、腎移植に長けた病院であれば、強力な免疫抑制剤や高度な医療技術を用いることで移植が可能になってきています（腎移植を巡る日本の状況については後述します)。

血液型以外にも患者とドナーには相性があり、それが移植の可否や生着率に影響を与えます。例えば、患者の血液がドナーのリンパ球に対する抗体を持っていると、血液型が適合していても移植を行うことはできません。これをポジティブクロスマッチ(リンパ球クロスマッチ陽性)といいます。

またHLA抗原やDR抗原が近い場合は腎臓の生着率が高まります。患者の中には適合する腎臓のタイプが非常に少ない高感作と呼ばれる人もいて、彼らと適合するドナーを見付けるのは容易でありません。

これからの話ではひとまず、主に血液型により腎移植の適合・不適合が定まるものとしましょう。血液型が適合するドナーと患者のことを適合ペア、そうでないペアのことを不適合ペアと単純に呼ぶことにします。例えばAB型の患者とA型のドナーは適合ペア、A型の患者とB型のドナーは不適合ペアです。

いま不適合ペア

「A型の患者とB型のドナー」

が一組いる状況を考えましょう。このままでは当然ながら彼らは不適合なままです。しかしこのとき、不適合ペアが2組以上いるなら話は変わってきます。ドナーを患者間で交換することが可能になるからです。

例えばいま、2組の不適合ペア

「A型の患者とB型のドナー」
「B型の患者とA型のドナー」

がいるものとしましょう。

この場合、ドナーを交換すれば

「A型の患者とA型のドナー」
「B型の患者とB型のドナー」

となり、両方とも適合ペアになります。論理的には当たり前ですが、ドナーを交換する発想自体が発明みたいなものです。

このようなドナー交換が世界で最初に行われたのは1991年、韓国の延世大学病院においてでした。そこでは2組の不適合ペアに対してドナーを交換した腎移植手術が行われました。

キール・パク博士をはじめとする延世大学チームはこれを皮切りに、不適合ペアの情報をデータベース化して患者とドナーの交換を行っていきます。

パク博士らの取り組みは論文にまとめられ、1999年に移植専門の学術誌トランスプランテーションに発表されました。そこでは移植された腎臓の生着率が十分高いことが報告されています。

延世大学病院がなぜドナーの交換を試みたかというと、その理由はきわめて単純で、腎移植を希望する患者の数に比べて、提供される腎臓の数がわずかしかなかったからです。

ここでいう「提供」には2種類あります。ひとつは生きているドナー、つまり生体から腎臓をもらう方法、生体腎移植です。もうひとつは心停止者や脳死者から移植を行う方法で、これを献腎移植といいます。

献腎移植では、1人の心停止者や脳死者から2個の腎臓が摘出され、2人の患者に移植が行われるのが通常です。しかし献腎移植の数はわずかであり、せめて生体腎移植をもう少し有効活用できないかという考えがドナー交換の発想につながりました。

韓国に続き1999年にはスイスのバーゼル大学病院で、2001年にはアメリカのジョンズ・ホプキンス大学病院などで同様のドナー交換が行われました。

韓国ではこの間も制度の拡充が行われました。パク博士らが2004年のトランスプランテーション誌に寄稿した論文によると、韓国では1995年から2003年までに978件の生体腎移植が行われ、そのうち101件がドナー交換プログラムによるものでした。その割合も年々増加傾向にあります。

ここでパク博士らの論文で示唆された、ドナー交換に関するふたつのアイデアを紹介しておきましょう。

（1）3組以上のサイクル（図2）

患者とドナーのペアが3組以上存在する場合には、3組間でサイクル的に患者とドナーを組み替えることで、適合件数を増やすことができます。例えば2組の不適合ペア

「O型の患者とB型のドナー」

「B型の患者とA型のドナー」

を考えてみましょう。

ここでドナーを交換すると

「O型の患者とA型のドナー」

「B型の患者とB型のドナー」

となりますが、この場合は前者が不適合ペアになっています。後者は適合ペアですが、前者が不適合ペアである以上、この交換を実現させることはできません。

そこで新たに「AB型の患者とO型のドナー」が来て、いま3組のペア

「O型の患者とB型のドナー」
「B型の患者とA型のドナー」
「AB型の患者とO型のドナー」

が存在するものとします。この新たなペアは、血液型は適合しているものの、他の理由、例えばポジティブクロスマッチにより移植ができません。

しかしこの状況で3人のドナーを組み替えて

「O型の患者とO型のドナー」
「B型の患者とB型のドナー」
「AB型の患者とA型のドナー」

とすれば、すべてが適合ペアとなります。

ここではAB型の患者は腎臓をもらいやすく、O型のドナーは腎臓をあげやすいという性質が効いています。3組の不適合ペアがすべて適合ペアに変わるわけです。

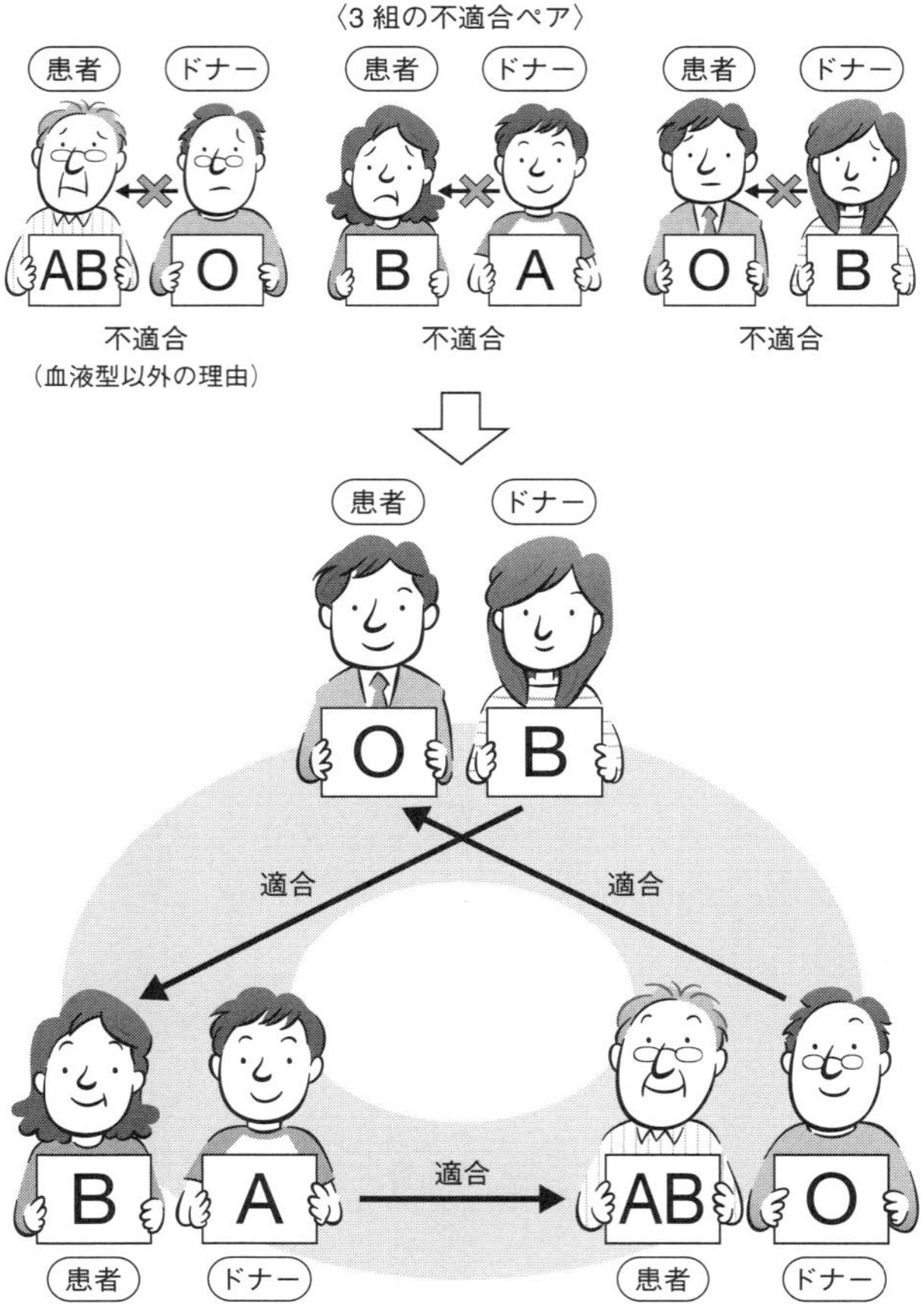

図２　３組以上のサイクル

(2) 腎臓の寄付からはじまるチェーン(図3)

いま3組の不適合ペア

「O型の患者とA型のドナー」
「A型の患者とB型のドナー」
「B型の患者とAB型のドナー」

が存在するとします。ここでO型の患者はどのドナーとも血液型が不適合であることに注意してください。つまり「O型の患者とA型のドナー」を巻き込んでサイクルを作ることはできません。

では残る2組

「A型の患者とB型のドナー」
「B型の患者とAB型のドナー」

の間で交換可能かというと

「A型の患者とAB型のドナー」
「B型の患者とB型のドナー」

としても、前者のペアが不適合なのでそれはできません。

つまりこの3組の間では患者とドナーをどのように組み替えることもできないわけです。

しかしここで、自分の腎臓を無償で寄付するという O型ドナーが現れたとしましょう。

するといま存在するのは

「O型のドナー」

「O型の患者とA型のドナー」

「A型の患者とB型のドナー」

「B型の患者とAB型のドナー」


です。

そしてこれは

「O型の患者とO型のドナー」

「A型の患者とA型のドナー」

「B型の患者とB型のドナー」

「AB型のドナー」


のように、鎖をつなぐように、チェーン式に組み替えることができます。つまり3組の適

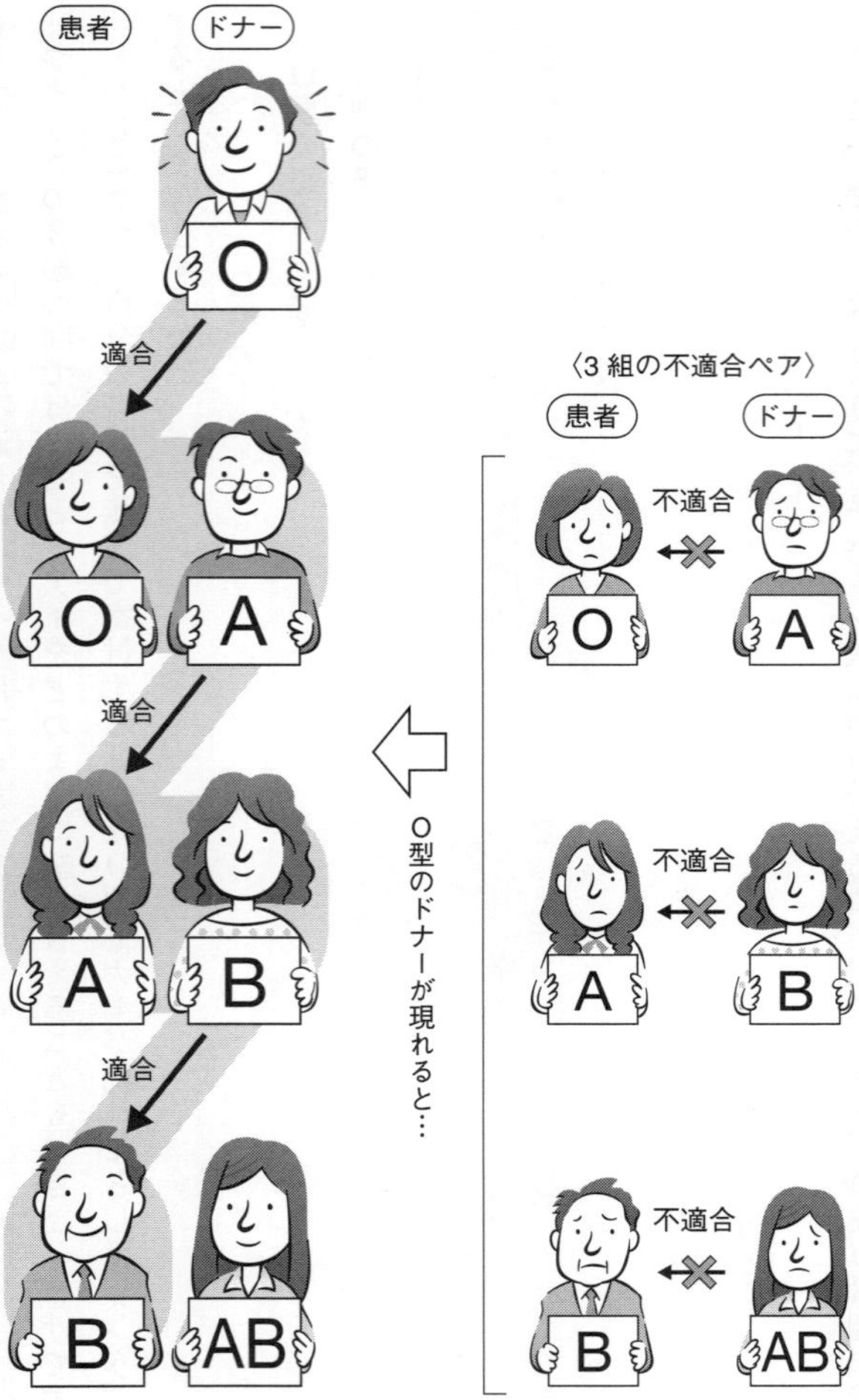

図３　腎臓の寄付からはじまるチェーン

合ペアが誕生するわけです。最後に余った「AB型のドナー」は今後別のチェーンの先頭として活かされます。

サイクルやチェーンは、いずれもパク博士らが論文で図にしてアイデアを投げかけたものです。しかし一体、多数の不適合ペアがいるときに、どうやってそれらサイクルやチェーンを見付ければよいのでしょうか。3組程度であれば、少し考えれば見付けることができそうです。しかし多数、例えば10組ならばもはや直感の及ぶところではありません。

手あたりでサイクルを見付けることは大変だし、仮に何か見付けたとして、そのサイクルが他の可能なサイクルと比べてどう優れているか（劣っているか）判断できません。

そこで偶然や直感に頼らず、常に優れたサイクルを見付ける方法を考える必要が出てきます。システマチックな解法、計算機科学でいうアルゴリズムが欲しいわけです。もちろんここでの「優れた」サイクルとは何かについても考えねばなりません。

またチェーンの先頭となる善意に溢れたドナーは現れるのでしょうか。現れたとしてもチェーンはどのように組めばよいのでしょう。世に善意が溢れかえっているわけではない以上、善意が出現したときは、それをできる限り有効に活かしたい。そのためにもチェーンをうまく作成するアルゴリズムが必要になります。こうした技術的な問題は、パク博士らの論文の段階ではまだ意識されていません。

†どこが経済学の問題なのか

患者とドナーの組み替えを組織的に行う取り組みのことを、腎移植マッチングと言います。

腎移植マッチングを経済学的な問題として位置付け、マッチング理論を用いて最初に分析したのがアルビン・ロス、タイフン・ソンメツ、ウトゥク・ユンベル教授たちです。彼らの研究を端緒として腎移植マッチングの研究は進展し、パク博士らのアイデアは実現することになります。

ロスらの研究について説明する前に、本章の冒頭で述べたように、患者とドナーの組み合わせを考えるような研究を、経済学に分類するのは適切なのかという疑問について考えておきましょう。これは腎移植マッチングのみならず、マーケットデザインというものを理解するうえで本質的なことです。

結論から述べると、腎移植マッチングはきわめて経済学的な問題です。

と言うのは、腎移植マッチングで考察するのは、腎臓を求め需要する患者と腎臓を与え供給するドナーの間で、需給の一致を実現させることだからです。これは腎臓という希少資源を社会で上手く配分することを意味しています。

需給一致は1870年代にレオン・ワルラスが本格的に分析の俎上に載せて以来、経済学で中心的な役割を果たしてきた概念です。希少資源の配分という観点についても然りです。こうした意味において腎移植マッチングは経済学によく馴染むものです。

ただし、いわゆる教科書的な経済学では「市場で需給一致が実現する」ことを主に扱う一方で、腎移植マッチングなど多くのマーケットデザインの研究では「どう制度を作れば需給一致が実現するか」といったことを考察します。

つまり良い結果が導かれるよう逆算して制度を設計していくわけです。この発想はマーケットデザインという学問分野の特徴でもあります。

では腎移植マッチングに特有の事情は何かというと、腎臓を含む臓器の売買は、日本を含むほとんど全ての国で禁止されているということです。腎臓の売買が認められていない以上、腎臓市場を作ることで問題の解決を行うことは、少なくとも合法的にはできません。

腎臓売買を合法化することの大きな難点は、家庭で立場が弱い人が強制的に腎臓を売らされる可能性があるということです。これについては戦前の日本で、口減らしを兼ねた子供の身売りがあったことと似ています。

一方で経済学には「機会費用」という考え方があります。ある選択をするとは他の選択によるメリットをあきらめることでもあり、それは潜在的なコストだということです。

腎臓売買を禁止することの機会費用には、本来助かるはずの人命を見捨てること、また腎臓を売らねば生活が立ち行かない人の困窮を放置しておくことなどが含まれます。つまり腎臓売買を一律に禁止するのは絶対的に正しいことではありません。

しかし何にせよ、いま現在、日本を含む全ての先進諸国で臓器売買が全面的に禁止されているのは紛れもない事実です。そして多くの人はそれを支持しています。

であればこの条件を所与としたうえで、いまの社会で受け入れられる制度を作ることが大切です。臓器売買には拒否感を持つが、患者とドナーの組み替えは許容できるという人は多いので、その可能性ならば追求できます。

マーケットデザインという言葉を訳せば「市場設計」となります。しかしここでの「市場」はいわゆる市場だけを意味するわけではありません。先ほども述べたように、マーケットデザインでは需給を一致させるなど、市場の発想を援用した制度を設計することがよく行われます。

†ひとりがひとつでよいならば

ロスとソンメツとユンベルは、2004年のクォータリー・ジャーナル・オブ・エコノミクス誌に『腎臓交換』と題される共同論文を発表しました。当時はマーケットデザインという言葉は学界にも浸透しておらず、そもそも腎移植に経済学の知見が活用できるなどとは誰も考えていませんでした。

理論的には、彼らの腎移植マッチングモデルは、ロイド・シャプリーとハーバート・スカーフによる「住宅市場モデル」に基づいています。腎臓の話がなぜ住宅と関係あるのかと思われるかもしれませんが、腎臓と住宅は、「ひとりがひとつしか要らない」という点が似ているのです。

シャプリーは1923年生まれのカリフォルニア大学ロサンゼルス校名誉教授です。「はじめに」でも述べましたが、2012年にロスとノーベル経済学賞を共同受賞しています。

スカーフは1930年生まれのエール大学名誉教授で、市場均衡をコンピュータで探索するアルゴリズムの開発や、市場均衡を協力行動により特徴付ける極限定理の証明がよく知られています。

住宅市場モデルを扱う彼らの論文『コアと非分割性』は、1974年のジャーナル・オブ・マスマティカル・エコノミクス誌に掲載されました。

住宅市場モデルとは次のようなものです。いま学生寮があり多くの学生が入居しています。ひとりの学生はひとつの部屋を持っており、各部屋は場所や陽当たりや家賃などの諸条件が異なります。

そして何人かの学生は「やはりいまの部屋より、あっちの部屋のほうがいいな」と考えています。例えば、「自分の部屋は陽当たりが良いが、どうせ日中は部屋にいないので、暗くていいから家賃の安い部屋に移りたい」とか、「少し家賃が上がってもいいから、広めの部屋に移りたい」のように思っているわけです。

そこでいまの部屋に満足していない学生は部屋を交換するため一堂に会することにします。ただしこの場に集まったからといって交換を強要されることはないし、望む部屋へ移れる保証があるわけでもありません。

その場での最低限の取り決めとして、誰も今より嫌な部屋には移らないという条件を尊重することにします。この条件を**個人合理性**といいます。

この状況を腎移植マッチングに見立てれば、学生が患者で、部屋がドナーです。そしていま住んでいる部屋が不適合なドナーで、いま住んでいる部屋よりも良い部屋が適合するドナーです。個人合理性の取り決めは「不適合なドナーと組み合わせられることはない」ことを意味します。

これから住宅市場モデルを簡単な例により見ていきましょう。いま四人の学生1、2、3、4がおり、各自は学生寮に自分の部屋を持っています。分かりやすくするために、それぞれの学生が住んでいる部屋を、その人の名前で呼ぶことにしましょう。

つまり学生1は部屋1、学生2は部屋2、学生3は部屋3、学生4は部屋4にそれぞれ住んでいます。彼らはいまの部屋に満足しておらず、また、あの部屋のほうがいいな、その部屋は嫌だなといったように、四つの部屋（部屋1、2、3、4）に対して順位を付けています。

人名＼順位	1位	2位	3位	4位
1	4	3	2	1
2	3	4	2	1
3	2	4	1	3
4	3	2	1	4

この表を見ると、例えば学生1にとって1位は部屋4、2位は部屋3、3位は部屋2、4位は部屋1の順番で好んでいます。こうした順位付けのことを**選好**と呼びます。

ここで誰も今より嫌な部屋に移さないという、個人合理性を尊重するのは容易です。そもそも学生1と3と4は自分にとって最下位の部屋に住んでおり、それ以上嫌な部屋に移りようがないからです。つまり個人合理性の要求は、学生2が部屋1には行かないことを求めるに過ぎません。そして、それを満たす学生と部屋の組み合わせはたくさんあります。ではその中で、どの組み合わせをどのように選べばよいのでしょう。

これから学生と部屋の組み合わせを**配分**と呼ぶことにします。そして

「配分A：学生1が部屋3、学生2が部屋4、学生3が部屋1、学生4が部屋2」

について考えましょう。配分Aは個人合理性を満たしています。しかしこの配分にはまだ改善の余地があります。ここから更に、学生1と学生2が部屋の交換を行えば、彼らはともに望ましい部屋に移れるからです。

つまり

「配分B：学生1が部屋4、学生2が部屋3、学生3が部屋1、学生4が部屋2」

は配分Aより優れているといってよいでしょう。このことを、配分BはAを**パレート改善**するといいます。

選好の表に、配分Aを□で、配分Bを○で囲み、このことを確認しておきましょう。

人名＼順位	1位	2位	3位	4位
1	④	[3]	2	1
2	③	[4]	2	1
3	2	4	[①]	3
4	3	[②]	1	4

配分 A が□、配分 B が○

配分AはBにパレート改善されてしまう。このように、ある配分が、何か別の配分にパレート改善されてしまうということは、誰にも悪影響を及ぼさず誰かを幸せにする余地が残っているということです。その意味で資源がうまく行き渡っておらず、効率的ではありません。配分Aについていえば、学生3と4に影響を与えず、学生1と2がともに幸せになる交換の余地が残っているわけです。

パレート改善されることがない配分のことを**パレート効率的**といいますが、配分Aはパレート効率的でありません。

学生たちはより望ましい部屋に移りたくて皆で集まっているので、パレート効率的な配分を目指すのは理に適っています。では、配分Bは個人合理性とパレート効率性をともに満たすので、それを選べばよいのでしょうか。しかし話はそう単純ではありません。個人合理性とパレート効率性をともに満たす配分は他にも存在するからです。

例えば

「配分C：学生1が部屋4、学生2が部屋3、学生3が部屋2、学生4が部屋1」

が個人合理性とパレート効率性をともに満たすことは容易に確かめられます。

そして配分BとCは互いにパレート改善の関係にありません。学生1と2にとって配分

ＢとＣは同じですが、学生３には配分Ｃのほうが良く、逆に学生４には配分Ｂのほうが良いからです。先ほどと同様の表に、配分Ｂを○で、配分Ｃを△で囲んでこのことを確認してみましょう。

人名＼順位	1位	2位	3位	4位
1	④△	3	2	1
2	③△	4	2	1
3	②△	4	①	3
4	3	②	1△	4

配分Ｂが○、配分Ｃが△

では配分ＢとＣのどちらを選べばよいのでしょうか。そこで両者を区別する新たな基準を考えてみることにします。

配分Ｂを見てみると、学生２が部屋３を、学生３が部屋１を得ています。しかし「では配分Ｂにしましょう」と皆で決めるとき、この場から学生２と３のふたりが「やっぱやーめた」と抜け駆けして、彼らの間だけで部屋を交換すると、学生２が部屋３を、学生３が部屋２を得ることができます。

すると、配分Bと比べれば、学生2は部屋3で変わらないまま、学生3は（部屋1より望ましい）部屋2を得ることができます。学生2はこの抜け駆けにより損も得もしませんが、学生3と仲が良かったり、あるいはこっそりお金をもらったりするならば、抜け駆けが起こりえます。このような、グループによる抜け駆けをブロックといいます。

ブロックをあらかじめ禁止することは可能かもしれません。しかしそうした禁止があるならば、学生2と3はそもそも部屋の交換に参加してくれないかもしれない。参加者が少なくなると交換の可能性が全体的に狭まるので望ましくありません。

ブロックが起こり得ない配分のことを**強コア配分**といいます。強コア配分にはふたつの利点があります。

まず強コア配分は、その定義上、いざ「この配分で決めよう」となったときに、そこから抜け駆けが起こる可能性がありません。

抜け駆けの可能性が無いということは、どのような抜け駆けによっても実現できないよう、全員にバランス良く高い満足を与えているということでもあります。これはまた、学生たちが交換に参加して損をしないことも意味しています。

つまり強コア配分は抜け駆けに対する頑健性を持ち、かつバランス的な公正を満たしています。ここでは配分Cが強コアになっており、他に強コア配分は存在しません。

さらに言えば、強コア配分は必ず個人合理性とパレート効率性をも満たします。なぜなら個人合理性は「一人で抜け駆けして得をしない」ことを、パレート効率性は「全員で抜け駆けして得をしない」ことを求める条件だからです。そして強コアは「一人だろうが全員だろうが、あらゆる抜け駆けにより得をしない」ことを求める条件なので、強コア配分は必然的に個人合理的で、かつパレート効率的にもなっているわけです。

強コア配分の存在に関する重要な事実をふたつ述べておきます。

事実1　強コア配分は必ず存在する。つまり学生が何人いようが、彼らがどのような選好を持っていようが、強コア配分を実現しようという目標を立てることは意味をなします。

事実2　強コア配分は必ずただひとつしか存在しない。これは驚きの結果といってよいでしょう。と言うのは、学生の数が多い場合には、配分全体の数は大きくなるので、強コア配分の数も増えて良さそうなものだからです。しかし住宅市場モデルにおいて強コア配分はいつ何時も、ただひとつしか存在しません。つまり強コア配分の実現を目指すとして、どの強コア配分にしようか迷う余地はありません。

事実1は前述した1974年の論文でシャプリーとスカーフが証明したものです。そして事実2は、ロスとアンドリュー・ポストルウェイトが、1977年のジャーナル・オブ・マスマティカル・エコノミクス誌に掲載した論文で示したものです。ロスは当時、博士号を取り立ての若い研究者でした。彼は理論の実践で評価されることが多いのですが、基礎理論において実に多くの重要な貢献をしています。

以上ふたつの事実より、住宅市場モデルにおいては強コアがただひとつ常に存在することが分かりました。ではその強コア配分を選べばよいと言いたいところですが、そう簡単に話は片付きません。強コア配分を選ぶとして、どうやってそれを見付けるかという大きな問いが残っているからです。

あるものが存在することと、それを見付ける方法が存在するのは別のことです。徳川埋蔵金がどこかにはあるが、どこにあるか分からないようでは困るわけです。

住宅市場モデルにおいて、配分とは学生と部屋の組み合わせを表すものです。いまn人

の学生（とn個の部屋）がいるとして、配分の個数を数えてみると、nの階乗である

$$n!=n\times(n-1)\times\cdots\cdots\times2\times1$$

個となります。

この数は急速に増えていくもので、例えば学生が3人だけなら配分は6個に過ぎませんが、10人になるとその数は360万を超します。360万個以上ある配分からひとつずつそれが強コア配分かどうか確認していくためには莫大な作業量が必要になります。

学生が10人のときにはブロックするグループの取り方も1000通り以上になるので、ただひとつの配分についてさえも、それが強コアであるかどうか確認するのは大変です。その作業を延々と続けるのは現実的でありません。

この問題を解決するために編み出されたのがデビッド・ゲールによるトップ・トレーディング・サイクル・アルゴリズム（以下、TTCアルゴリズム）です。

†アルゴリズムで解いてみよう

デビッド・ゲールは1921年生まれの数学者で、カリフォルニア大学バークレー校の教授を長く務め、2008年に86歳で亡くなりました。数学者といってもゲーム理論や経

済学など社会科学に関わる研究を多く行った人で、1980年にはオペレーションズリサーチで最も栄誉あるフォン・ノイマン賞を授与されています。

ゲールによるTTCアルゴリズムは、1974年のシャプリーとスカーフの論文内で「これはゲールにより考案されたものだ」として初めて世に出ました。

ゲール自身の論文に掲載されたわけではないので、TTCアルゴリズムについて本や論文を書くときには、「ゲールによるTTCアルゴリズム」と述べたうえでシャプリーとスカーフの論文を引用するという、やや変わったことをする必要があります（本書もそうです）。

おそらく当時はゲール自身も、そのアルゴリズムの画期性をあまり強くは認識していなかったのではないでしょうか。

TTCアルゴリズムは強コア配分をごく短時間で見付けるアルゴリズムです。それがどれほど凄いことか、7人の学生が部屋を交換する次の例で考えてみましょう。

順位／人名	1位	2位	3位	4位	5位	6位	7位
1	5	6	7	1	2	3	4
2	3	4	5	6	7	1	2
3	4	5	2	7	1	3	6
4	1	2	3	4	5	6	7
5	4	5	2	3	6	7	1
6	7	1	2	3	4	5	6
7	1	7	4	5	6	3	2

読者の皆さんは、この表をぱっと見て強コア配分を見付けられるでしょうか。私はこの問いをよく授業中にするのですが、これがなかなか難しく、まず普通は見付けられません。これまで学生から一番よく聞いた解答は

「学生1が部屋6、学生2が部屋3、学生3が部屋5、学生4が部屋2、学生5が部屋4、学生6が部屋7、学生7が部屋1」

です（次表の□）。

人名＼順位	1位	2位	3位	4位	5位	6位	7位
1	5	[6]	7	1	2	3	4
2	[3]	4	5	6	7	1	2
3	4	[5]	2	7	1	3	6
4	1	[2]	3	4	5	6	7
5	[4]	5	2	3	6	7	1
6	[7]	1	2	3	4	5	6
7	[1]	7	4	5	6	3	2

よく強コアと勘違いされる配分

この配分は全員が自分にとって2番以内に望ましい部屋に住めているので、確かに望ましい気がします。私もこの解答を聞くたびに、それを見付けた学生を賢いなあと感心します。

しかし実はこれがトラップで、強コア配分ではありません。次の表で○が付けられている通りに、学生1と4と5は全体から抜け駆けして、この3人の中だけで「学生1が部屋5、学生4が部屋1、学生5が部屋4」という交換をした方が得になっているからです

(学生5については変わらず)。

人名＼順位	1位	2位	3位	4位	5位	6位	7位
1	⑤	[6]	7	1	2	3	4
2	[3]	4	5	6	7	1	2
3	4	[5]	2	7	1	3	6
4	①	[2]	3	4	5	6	7
5	[④]	5	2	3	6	7	1
6	[7]	1	2	3	4	5	6
7	[1]	7	4	5	6	3	2

強コアになっていない

では強コア配分は何かというと、答は「学生1が部屋5、学生2が部屋3、学生3が部屋2、学生4が部屋1、学生5が部屋4、学生6が部屋6、学生7が部屋7」です(次表の○)。強コア配分の一意性から、これ以外には存在しません。

人名＼順位	1位	2位	3位	4位	5位	6位	7位
1	⑤	6	7	1	2	3	4
2	③	4	5	6	7	1	2
3	4	5	②	7	1	3	6
4	①	2	3	4	5	6	7
5	④	5	2	3	6	7	1
6	7	1	2	3	4	5	⑥
7	1	⑦	4	5	6	3	2

強コア

いま7人の学生がいるので、配分の個数は7の階乗の5040個です。しかし強コアでない5039個の配分についてはいずれも、必ずどれかのグループにブロックされてしまう。そう考えてみるとやはり一意性が成り立つとは驚くべきことです。

先ほどの「よく強コアと勘違いされる配分」は、確かに何となく良さそうに見える配分です。私も何となく良いなと思います。選好の表をじっと眺めていると、確かにそのような配分が良さそうに浮かび上がってくる。

でも問いは「どれが強コア配分か」だったので、解答としては正しくありません。じっと眺めるだけで正しい解答を得るのは難しく、きちんとした解法が必要なわけです。

ここではTTCアルゴリズムがその解法にあたります。TTCアルゴリズムの働きをつぶさに追うことは、「じっと眺める」よりはいくらか手間がかかります。しかしこのアルゴリズムの仕組みは単純で、ごく普通の市井の人々にも理解可能なものです。

ちなみに私自身はアメリカに留学していたとき、このアルゴリズムを50歳前後の主婦の人たちにへたくそな英語で説明して、「なるほど」と思ってもらえたことがあります。当時の私の英語は信じられないほどひどく、"but"の発音がうまく通じなかったくらいです（その後、わずかに改善しました）。それでも何でその人たちに伝わったかというと、このアルゴリズムは人間の動作みたいにできており、感覚的に理解しやすいからです。

では、TTCアルゴリズムが強コア配分をどのように見付けていくか、右頁の選好をもとにその動作を追っていきましょう。

○ステップ1

各学生は、自分にとって1位の部屋を指差します。ここで「指差す」ことを矢印「↓」で表すと

1↓5
2↓3
3↓4
4↓1
5↓4
6↓7
7↓1

です。例えば「1↓5」は、学生1が部屋5を指差していることを意味します。

矢印をつないでいくと、サイクル

1↓5↓4↓1

があることに気付きます。

サイクルとはその名の通り、先頭と末尾が同じである矢印の連なりのことです。矢

印は欲しいモノを指し示すわけですが、それに従い学生1に部屋5を、学生5に部屋4を、学生4に部屋1を与えることにします。これで学生1と4と5の部屋は確定で、彼らはこの場から去ります。

○ステップ2

いま残っているのは学生2、3、6、7です。そしてこれら各学生は、残っている中で、自分にとって最も望ましい部屋を指差します。いま

2→3
3→2
6→7
7→7

となり、矢印をつないでいくとサイクル

2→3→2
7→7

が得られます。

「7→7」は短いですが、これも立派なサイクルです。ステップ1と同様に学生2に

部屋3を、学生3に部屋2を、そして学生7に部屋7を与えます。これで学生2と3と7の部屋が確定で、彼らはこの場から去ります。

○ステップ3

この場には学生6だけが残っています。彼は残っている中で、自分にとって最も望ましい部屋を指差します。と言っても、ここでは部屋6しか残っていないので、彼はそれを指差すしかありません。よって指差しは

6→6

であり、学生6は部屋6を与えられ、彼はこの場から去ります。

そして誰もいなくなりました。これをもってアルゴリズムは終了します。以上の結果をまとめると次のようになり、それが強コア配分です。

学生	部屋
1	5
2	3
3	2
4	1
5	4
6	6
7	7

強コア

いまの例では3回のステップでアルゴリズムが終了していました。TTCアルゴリズムのもとでは、人々の選好がどのようであろうとも、各回のステップで必ずひとつはサイクルができます。よって各回、最低でもひとりはその場からいなくなる。ということは、n人の学生がいるとして、どんなに時間がかかってもn回のステップでその場から誰もいなくなり、TTCアルゴリズムは終了するということになります。

学生数がnのとき、配分の個数はnの階乗n!であることは先に述べた通りです。そしてこの数はnが増えるにつれ急速に増えていきます。一方で、TTCアルゴリズムの実行に必要な最大のステップ数は、学生数と等しく常にnのままです。

つまり探す範囲は一気に広くなるのに、探す手間はゆっくりとしか増えないわけです。アルゴリズムのスピードは圧倒的に早いといってよいでしょう。

TTCアルゴリズムに慣れるため、もうひとつ例を挙げておきます。この例は次節の議論で用います。

順位／人名	1位	2位	3位	4位	5位	6位
1	3	6	1	2	4	5
2	1	6	2	3	4	5
3	2	6	5	1	3	4
4	3	1	6	2	5	4
5	4	1	2	6	3	5
6	4	1	2	3	5	6

○ステップ1

各学生は、自分にとって1位の部屋を指差します。ここでは

1→3
2→1
3→2
4→3

5→4
6→4
であり、矢印をつないでいくとサイクル
1→3→2→1
が見付かります。学生1が部屋3を、学生3が部屋2を、学生2が部屋1を得て、彼らはこの場を去ります。

○ステップ2

いま残っているのは学生4、5、6です。そしてこれら各学生は、残っている中で、自分にとって最も望ましい部屋を指差します。すると
4→6
5→4
6→4
です。矢印をつないでいくとサイクル
4→6→4
が得られるので、学生4が部屋6を、学生6が部屋4を得てこの場から去ります。

○ステップ3

いま残っているのは学生5だけです。指差しは

5→5

で、学生5は部屋5を得てこの場から去ります。

そして誰もいなくなり、これをもってアルゴリズムは終了します。以上の結果をまとめると次のようになり、それがここでの唯一の強コア配分になっています。

人名＼順位	1位	2位	3位	4位	5位	6位
1	③	6	1	2	4	5
2	①	6	2	3	4	5
3	②	6	5	1	3	4
4	3	1	⑥	2	5	4
5	4	1	2	6	3	⑤
6	④	1	2	3	5	6

強コア

†正直は最善の策

ＴＴＣアルゴリズムのもとで学生たちは「指差し」をしますが、その際、「本当はあの部屋が一番良いけど、人気が高そうだから次善の別の部屋を指差そう」のように考えることはないのでしょうか。別の言い方をすれば、真の選好に基づかない、虚偽の指差しをすることは戦略として得策なのでしょうか。

例えば小選挙区制の選挙を考えてみましょう。そこでは自分の票が死票となるのを避けるため、有権者はいわゆる不人気政党への投票を避けがちです。「本当はこの候補者が一番好きなのだけど、勝てる見込みが無いから、勝つ可能性のありそうな次善の候補に投票しよう」と行動するわけです。

それは多数決というルールのもとでは正直に投票することが必ずしも得策ではないからです。ＴＴＣアルゴリズムに対しても同様のことが起こるかもしれない。一番ではなく、二番や三番の部屋を指差したほうが得になることもあるのでは、ということです。

しかし実は、このアルゴリズムのもとでは、虚偽の指差しにより得をすることは一切ありません。ＴＴＣアルゴリズムの持つこの性質は**耐戦略性**と呼ばれており、ロスがその証明を与えています。

先ほど用いた例で、虚偽の指差しによって得ができないことを確認してみましょう。TTCアルゴリズムで得られた結果には○を打っています。

人名＼順位	1位	2位	3位	4位	5位	6位
1	③	6	1	2	4	5
2	①	6	2	3	4	5
3	②	6	5	1	3	4
4	3	1	⑥	2	5	4
5	4	1	2	6	3	⑤
6	④	1	2	3	5	6

強コア（再掲）

この結果に一番がっかりするのは誰とも交換ができない学生5でしょう。では彼はどこかのステップで虚偽の指差しをすれば別の部屋を得られたのか。しかしそうは行きません。例えばTTCアルゴリズムで学生5は、ステップ1で部屋4を指差したが得られず、ステップ2で部屋6を指差したが得られず、ステップ3で（もともと自分の）部屋5を得るのでした。

このプロセスを考えると、学生5は、ステップ1で無くなる部屋1や部屋2は得られなくても、ステップ2まで残る部屋6くらいなら得られるのではないか、という気もします。しかしこれが思うようにいかないのです。もし学生5がステップ1で部屋6を指差したら、ステップ1が

1→3
2→1
3→2
4→3
5→6
6→4

と変わります。そして学生5の指差しを辿ると

5→6→4→3→2→1→3

となるので、学生5はサイクルを形成できません。一方、このステップで学生1と2と3

はサイクルを形成して退出します。

よって学生4と5と6がステップ2に進みますが、57頁にあるようにそこではそもそも

4→6

6→4

となり、サイクル

4→6→4

が形成されます。

つまり学生5は部屋6を指差したところで結局は部屋5を得ることになるわけです。これは他の部屋、例えば学生5にとっては（6位である）部屋5よりわずかに好ましい、（5位である）部屋3を指差しても同様です。

これはほんの一例であり、TTCアルゴリズムのもとでは、いつ何時も、どのような虚偽の指差しによっても得をすることはできません。

このことが成り立つ、つまり耐戦略性が成り立つということは、誰にとっても正直な指差しが最善策だということを意味しています。余計な戦略的行動を考える必要はない、誰かの戦略的行動に振り回されることもない、運任せで結果が定まることもないというわけ

です。

ただし実際にＴＴＣアルゴリズムを使う状況に置かれた場合、皆が耐戦略性に気付くかといえば、それはあまり期待できません。耐戦略性が成り立つことを数学的に証明するのも結構大変なので、人々がそれに簡単に気付かないのは当然のことです。

ですから実用に際して重要なのは、運営者が「耐戦略性が成り立つので安心して正直に指差ししてよい」と丁寧にアナウンスすることです。ＴＴＣアルゴリズムに限ったことではありませんが、耐戦略性を満たすルールを現実に使う際には、そのことを適切に周知させるのが大切です。

さて、ここで用語の定義をしておきましょう。それぞれの選好の組み合わせに対して、ひとつの配分を与える関数（取り決め）のことを、**ルール**と呼ぶことにします。例えば、強コアルールとは、どのような選好の組み合わせに対しても、そのもとでの強コア配分を選ぶルールです。

強コアルールは耐戦略性を満たします。また強コア配分はパレート効率的で個人合理的だというのはすでに述べました。これらのことをまとめて、強コアルールが耐戦略性、パレート効率性、個人合理性を満たすといいます。

そこで疑問なのですが、いったい強コアルール以外に、耐戦略性、パレート効率性、個人合理性を満たすルールは存在するのでしょうか。

この問題を解いたのがラトガース大学のジンペン・マー准教授です。彼は1994年のインターナショナル・ジャーナル・オブ・ゲームセオリー誌に掲載した論文で、そのようなルールは強コアルールの他には存在しないことを示しました。つまり強コアルールはそれら3条件を満たす唯一のルールだというわけです。

このように、ある特定のルールを、いくつかの性質を満たす唯一のものであると数学的に示すことを**公理的特徴付け**といいます。

ルールは潜在的には山のように存在します。しかし耐戦略性とパレート効率性と個人合理性を求めるならば、強コアルールが唯一可能な選択肢として残りうるというわけです。逆に強コア配分以外のものを選び取ろうとすれば、耐戦略性、パレート効率性、個人合理性という望ましい条件のうち、ひとつ以上をあきらめなければなりません。よってこの公理的特徴付けは強コア配分の選択を肯定するきわめて強い根拠となります。

†部屋の交換から人命の救済へ

住宅市場モデルはシンプルで面白いのですが、実際にそれに即した状況にあうことはあまりありません。特に日本はアメリカと異なり学生寮に住む学生は多くないので、部屋の交換と聞いても身近には感じにくいでしょう。

学界においても、住宅市場モデルは1974年にシャプリーとスカーフの論文が発表されて以降も長い間、実用性の高い研究テーマとは見なされていなかった感があります。部屋の交換は経済学で扱う問題としては小さなテーマです。財政政策や金融政策、成長戦略や社会保障といった大きなテーマと比べれば、ずいぶんどうでもよいことのように思えます。

この「どうでもよいこと」を追求していったのがトルコ出身の研究者、アティラ・アブドゥルカディィログルとタイフン・ソンメツらです。彼らは住宅市場モデルを次のように拡張していき、それが後に腎移植マッチングへとつながっていきます。

通常の住宅市場モデルでは、既に自分の部屋を持つ学生（居住者）たちの間だけで部屋を交換することを考えます。アブドゥルカディィログルとソンメツは居住者のみならず、空き部屋と新たな入寮者が存在するよう住宅市場モデルを拡張し、そこで上手く働くようなTTCアルゴリズムの修正を考えました。

彼らの論文のタイトルは『居住者がいる場合の住宅配分』といい、1999年のジャーナル・オブ・エコノミックセオリー誌に公刊されています。

前述のように、学生寮の部屋の交換は経済学で扱うテーマとしては些末なものです。だからこうした交換しか扱えない住宅市場モデルをより大きな問題、例えば実際の不動産市場を扱えるように拡張しようというのが通常の経済学者の発想でしょう。

しかし彼らはそう考えない。学生寮の部屋の交換というテーマに特化したまま、そこで本当にアルゴリズムが使えるよう研究を深化させていきました。開き直ったかのような論文タイトル『居住者がいる場合の住宅配分』には彼らの野心が感じ取れます。

少しずつ話題を腎移植マッチングに戻していきましょう。居住者がいる場合の住宅配分問題は、腎移植マッチングにおいては

居住者＝患者
居住者の部屋＝患者のドナー

空き部屋＝献腎
入寮者＝ドナーを持たない患者

として読み替えることができます。

ただし腎移植マッチングには、居住者がいる場合の住宅配分問題とは異なる、特有の事情があります。それは何よりもまず空き部屋（献腎）の数が少なく、またそれは最初からあるものではなく、たまに提供されるということです。

ロスたちはTTCアルゴリズムを腎移植マッチング用に一般化しますが、そのアイデアは、アブドゥルカディログルとソンメッツによる修正版TTCアルゴリズムに基づいています。ここではそのアブドゥルカディログルとソンメッツによるものを紹介しておきましょう。

まず学生1、2、3、4を既にいる居住者とします。彼らはそれぞれ部屋を持っている。そして新たな住人が学生5、6、7で、空き部屋が部屋5、6、7です。学生たちの選好は次の表の通りとします。

人名＼順位	1位	2位	3位	4位	5位	6位	7位
1	5	6	7	1	2	3	4
2	3	4	5	6	7	1	2
3	4	5	2	7	1	3	6
4	1	2	3	4	5	6	7
5	4	5	2	3	6	7	1
6	7	1	2	3	4	5	6
7	1	7	4	5	6	3	2

この状況では既に居住している学生たちは無視して、学生5と6と7に対して部屋5と6と7をどれか割り当てればよいのではないか、と単純に考えてしまいそうになります。しかしそれでは効率的な配分は実現しません。

例えば、学生5に部屋5を、学生6に部屋7を、学生7に部屋6を割り当ててみましょう。そうして得られた配分に○を付けて書くと次のようになります。

順位／人名	1位	2位	3位	4位	5位	6位	7位
1	[5]	6	7	①	2	3	4
2	3	4	5	6	7	1	②
3	4	5	2	7	1	③	6
4	[1]	2	3	④	5	6	7
5	[4]	⑤	2	3	6	7	1
6	⑦	1	2	3	4	5	6
7	1	7	4	5	⑥	3	2

この結果はパレート効率的でありません。ここから更に学生1と4と5が部屋を交換して□のようになったら、誰もアンハッピーにすることなく、彼ら全員がハッピーになれるからです。つまり最初から、いまの居住者も含めて部屋の割り当てを考えたほうが、皆にとってより好ましい部屋を得られるわけです。

シャプリーとスカーフの住宅市場モデルとの違いは、学生5と6と7は、初期保有分としての部屋を持っていないということです。そこでいまランダムにくじを引いて、好きな

1位	2位	3位	4位	5位	6位	7位
5	6	7	1	2	3	4

優先順位

空き部屋を選ぶ優先順位として5、6、7の順番が付いたことにしましょう。

また既にいる住人も空き部屋への転居を希望する者がいるかもしれないので、彼らについてもくじを引いて、優先順位を1、2、3、4と設定することにします。ただし彼らは、新住人よりは下位とすることにしましょう。いわば空き部屋に対しては、住人5、6、7、1、2、3、4の順で入居を優先するわけです。これを上の表にまとめておきましょう。

この優先順位はあくまでひとつの例で、実際はどのように決めても構いません。ただし常識的な決め方は、いまのような

○新たな住人に、いまの居住者より高い順位を与える
○新たな住人の中でくじにより順位を決め、またいまの居住者の中でくじにより順位を決める

といったものでしょうか。

これからTTCアルゴリズムを修正しつつ使っていきますが、そこでは学生が部屋を指差し、部屋が学生を指差すものとします。その際に、取り決めとして

ルール１　いま住民がいる部屋は、その住民を指差す
ルール２　空き部屋は、優先順位に従い指差す

ことにします。そして、学生と部屋を表記上で厳密に区別するため、それぞれの部屋には四角を付けて[1]のように表記します（[1]は部屋1、のように）。

以上で説明の準備が終了です。部屋にも指差しをさせるなど、シャプリーとスカーフの住宅市場モデルと比べれば手間がかかっていますが、これからアルゴリズムを使っていくうちに、それら手間の意味が分かってくるはずです。

○ステップ１

各学生は、自分にとって最も望ましい部屋を指差し、部屋はルール１と２に従い指差します。ここでは

1→[5]　　[1]→1
2→[3]　　[2]→2
3→[4]　　[3]→3
4→[1]　　[4]→4

5→[4]　[5]→5
6→[7]　[6]→5
7→[1]　[7]→5

で、サイクル

1→[5]→5→[4]→4→[1]→1

が出来ています。そこでこのサイクルに従い、学生1が部屋5を、学生5が部屋4を、学生4が部屋1を得て、彼らとそれらの部屋はこの場から去ります。

○ステップ2

いま学生2と3と6と7、部屋2と3と6と7が残っています。学生はその中で、自分にとって最も望ましい部屋に、部屋はルール1と2に従い指差します。すると

2→[3]　[2]→2
3→[2]　[3]→3
6→[7]　[6]→6
7→[7]　[7]→6

であり、ふたつのサイクル

2→[3]→3→[2]→2

6→[7]→6

が出来ています。このサイクルに従い、学生2が部屋3を、学生3が部屋2を、学生6が部屋7を得て、彼らとそれらの部屋はこの場から去ります。

○ステップ3

残るは学生7と部屋6だけです。指差しは

7→[6]

[6]→7

であり、サイクル

7→[6]→7

が出来て、学生7が部屋6を得てアルゴリズムは終了します。

以上の結果をまとめると次のようになります。

人名＼順位	1位	2位	3位	4位	5位	6位	7位
1	⑤	6	7	1	2	3	4
2	③	4	5	6	7	1	2
3	4	5	②	7	1	3	6
4	①	2	3	4	5	6	7
5	④	5	2	3	6	7	1
6	⑦	1	2	3	4	5	6
7	1	7	4	5	⑥	3	2

このようにしてアブドゥルカディログルとソンメツはTTCアルゴリズムを、空き部屋（部屋5、6、7）や新規の住人（学生5、6、7）がいても使えるよう修正しました。

さて、腎移植マッチングに見立てれば、この状況は

学生1から4＝ドナーを持つ患者

部屋1から4＝学生1から4たちのドナー

学生5から7＝ドナーを持たない患者

部屋5から7＝献腎

に対応します。ただし献腎は十分な数が存在しないので、患者は献腎をすぐに受け取れるわけではありません。ですから実際には献腎そのものではなく、献腎待ちの患者リスト（の上位）に入る権利を得ます。

いま用いたアルゴリズムはTTCアルゴリズムそのものではなく、TTCアルゴリズムに工夫を加え修正したものです。マーケットデザインの実用に際しては、ある有名なアルゴリズムを、そのまま用いることはあまりありません。献腎が逐次現れるといった、それぞれの特殊事情を考慮に入れる必要があるからです。

家を建てる際に、基本的な間取りは決まっていても、収納の広さを調整するとか、床暖房をここには入れるとか、豪雪地帯なら屋根の傾斜を南向きにするとか色々と調整することに似ています。オーダーメイドのデザインを考えていくわけです。「オーダーメイド」などという言葉が経済学で出てくるのは意外かもしれませんが、経済学の知識が工務店のように身近に使えるようになってきているゆえのことです。

†小さなサイクルだと弱い

腎移植においてTTCアルゴリズムをベースとするアルゴリズムを用いる際、実用上、何がネックになりうるのでしょうか。先ほどの例では7人の患者（学生）に、7個の腎臓（部屋）を割り当てていました。そこでこの割り当てが決まったとして、それらの手術は同時に行えるかが問題になります。

生体腎移植を行うためには、患者にもドナーにも高度な専門性を持つ医師のチームと手術施設が必要となります。それらを7セット同時に用意して同時に手術を執行するのは現実的に不可能です。2003年にジョンズ・ホプキンス大学病院が3件同時に手術を行ったことは、大きなニュースになったくらいです。

同時に手術を行わないことの問題は、ドナーの「裏切り」が起こるかもしれないということです。例えばサイクル

1→[5]→5→[4]→4→[1]→1

に従い腎臓を割り当てて手術を行うとしましょう。いま患者1とドナー5の手術と、患者5とドナー4の手術が終了したとします。次は患者4とドナー1の手術です。

しかしいざそのときになって、ドナー1が「やっぱり患者4に腎臓をあげるのをやめる」と翻意した場合、患者4はドナー4を失ったまま腎臓を得られないことになってしまいます。こうした裏切りを行ったドナーを監禁拘束して無理やり腎臓を片方奪い取ることは、まず合法的には出来ない。

3件同時に手術を行うことが物理的に容易でない以上、裏切りの可能性を問題視するならば、ドナーの交換は2組間のみとする制約を考慮する必要が出てきます。合法的だの物理的だの面倒な制約が色々ありますが、現実的な問題を具体的に解こうとする以上、それらは否応なく関わらざるを得ないものです。

ロスたちは最初の2004年の論文では主にTTCアルゴリズムに基づいた、つまりサイクルのサイズを制限しないアルゴリズムについて論じていました。しかし、続く2005年のジャーナル・オブ・エコノミックセオリー誌に掲載した論文『2組ごとの腎臓交換』では、ドナー交換を2組間のみに留めるとどうなるかという問題を考察しています。

この論文およびその後の関連論文で得られた成果を要約すると次のようになります。ドナー交換を2組間で留めるのではなく3組や4組間まで広げると、適合ペアの数は飛躍的に増加していく。

	ドナー1	ドナー2	ドナー3	ドナー4
患者1	−	＋	−	＋
患者2	−	−	−	＋
患者3	＋	−	−	−
患者4	＋	−	＋	−

例えば上の表のような、4組の不適合ペアがいる状況を考えてみましょう。ここでは患者がドナーと適合するときにはマス目に「＋」を、不適合のときには「－」を記しています。例えば患者1はドナー2と4とは適合しますが、ドナー1と3とは不適合です。

ここで2組間だけにドナー交換を限ると、可能なのは互いに適合となる「患者1がドナー4を得て、患者4がドナー1を得る」交換だけです。例えば患者2はドナー4としか適合しませんが、患者4はドナー2と不適合なので交換はできません。

いま2組間で可能な交換に○を打つと左頁の上の表のようになります。

しかしここで4組間でも交換可能とすると話はまるで変わってきます。「患者1がドナー2を、患者2がドナー4を、患者4がドナー3を、患者3がドナー1を得る」という交換が可能となるからです。

	ドナー1	ドナー2	ドナー3	ドナー4
患者1	−	+	−	⊕
患者2	−	−	−	+
患者3	+	−	−	−
患者4	⊕	−	+	−

2組間で可能な唯一の交換

	ドナー1	ドナー2	ドナー3	ドナー4
患者1	−	⊕	−	+
患者2	−	−	−	⊕
患者3	⊕	−	−	−
患者4	+	−	⊕	−

4組間で可能になる交換

この例は、患者2や3のように、適合する相手が少ない（ここでは一名）患者を救ううえで、大きなサイズのサイクル（ここでは1→2→4→3→1）を作ることが有効に働くことを端的に示しています。適合する腎臓が非常に少ない高感作な患者にとって、大人数を巻き込むドナーの交換は特に有り難いのです。

†善きサマリア人はいかに良いか

腎移植マッチングは2組間だけでも有効ですが、長いサイクルを許容すると大きなメリットが生まれます。しかしその場合、医師や施設の数に限りがある以上、手術は逐次、順番に行われていくことになります。

そこで問題になるのがドナーの「裏切り」の可能性でした。このトレードオフのどちらを取るかについて、アルビン・ロスとトレド大学病院のマイケル・リース医師らのチームは結局のところ、裏切りのリスクは抱えるとしても長いサイクルを作ることを選択しました。

彼らの手術に関する記録は多く公開されています。ひとつの例を見てみましょう。

この例では移植が患者を持たないドナーからはじまり、ドナーと患者のつながりがチェ

年／月		① 2007/7	② 2007/7	③ 2007/9	④ 2007/9	⑤ 2008/2	⑥ 2008/2	⑦ 2008/2	⑧ 2008/2	⑨ 2008/3	⑩ 2008/3
患者		O	O	A	A	B	A	A	A	A	A
ドナー	O	O	A	A	B	A	A	A	AB	A	AB

図4　10組におよぶチェーン

Rees ほか（2009）の NEAD Chain 1 より抜粋

ーンのようになっています（図4）。

このドナーは無償で自分の腎臓の片方を見知らぬ誰かに寄付する人です。そのようなドナーを、聖書で親切な隣人の例として出てくるサマリア人にちなみ、「善きサマリア人ドナー」といいます。手術はいずれも別の日に行われていますが裏切りはひとつも起こっていません。

幸いなことに、この例に限らず、非同時的に手術を行っても、裏切りはこれまで起こっていないようです。今後も裏切りがずっと起こらないと保証されているわけではありませんが、人間はそれなりに責任感や倫理というものを備えています。それに一定の信頼を寄せたうえで長いチェーンを作り手術を行うのが患者を救うために望ましいというわけです。

ただし、もし裏切りが起こった場合には、そのドナーの腎臓をもらうはずだった患者を献腎待ちリストの上位に据えるなり、別の善きサマリア人が現れた場合にチェーンの前方に据えるなりの対応を取ることが考えられます。

利他的な腎臓の寄付は誰か一人だけを利するわけではありません。これが善きソマリア人ドナーの偉大なところです。TTCアルゴリズムを解説する際に最初に用いた、学生と部屋の例を再び考えてみましょう。TTCアルゴリズムが導く結果である、強コア配分には○を打っています。

人名＼順位	1位	2位	3位	4位	5位	6位	7位
1	⑤	6	7	1	2	3	4
2	③	4	5	6	7	1	2
3	4	5	②	7	1	3	6
4	①	2	3	4	5	6	7
5	④	5	2	3	6	7	1
6	7	1	2	3	4	5	⑥
7	1	⑦	4	5	6	3	2

強コア（再掲）

この結果を腎移植の文脈で見ると、学生が患者、部屋がドナーですが、学生6と7は交換（移植）が出来ないというのが残念なポイントです。

ここで「部屋0」が新たに出来たとしましょう。これが「寄付」というわけです。そして学生6と学生7はこの部屋に全く住みたくないが、学生4はベストと思うものとしましょう。このことを考慮に入れたうえで学生4と6と7の選好を書き換えると次のようになります。

順位／人名	1位	2位	3位	4位	5位	6位	7位	8位
4	0	①	2	3	4	5	6	7
6	7	1	2	3	4	5	⑥	0
7	1	⑦	4	5	6	3	2	0

すると学生4が（部屋1の代わりに）部屋0を得て、学生6が（部屋6の代わりに）部屋7を得て、学生7が（部屋7の代わりに）部屋1を得るように組み替えられます。学生4

と6と7の全員がより好ましい部屋に移れるわけです。次の表で、その組み替え後の部屋を□で囲ってみましょう。

人名＼順位	1位	2位	3位	4位	5位	6位	7位	8位
4	[0]	①	2	3	4	5	6	7
6	[7]	1	2	3	4	5	⑥	0
7	[1]	⑦	4	5	6	3	2	0

腎移植マッチングでいえば、寄付された腎臓はただひとつでも、ふたり（学生6と学生7）の移植が新たに可能となり、また別のひとり（学生4）も質の改善を得たわけです。

図5はこのチェーンを表していますが、チェーンの先頭が部屋0で、末尾が学生6です。

部屋6はここでは余りますが、これは今後、別のどこかのチェーンの先頭として活用されることになります。

最近では善きサマリア人ドナーから始まるチェーンのサイズは長くなる傾向にあります。2012年2月18日のニューヨークタイムズ電子版には30人の患者と30人のドナーを繋ぐ、計60人を巻き込んだチェーンの手術が全て成功を収めたことが報道されました。

そのチェーンの先頭に立つ善きサマリア人ドナーは、カリフォルニア州のリバーサイド市に住み、ヨガを愛好するリック・ラザメンティ氏という44歳の男性です。彼はそれまで

図5　部屋0によるチェーン

献血もしたことがなかったが、腎臓の寄付という行為を知り、2日後には腎移植機構に連絡を取ったとインタビューで答えています。

こうした寄付者は続々と現れており、別の善きサマリア人ドナーであるデビッド・コスター氏は「腎臓の寄付をして以来、自分はドナルド・トランプとビル・ゲイツを足したよりリッチになった気分だぜ」とコメントしています(http://www.kidneymitzvah.com/)。善意は世に溢れかえっているわけではなくとも、それを活かした制度設計は強いのだといえるでしょう。

もし裏切りをどうしても阻止したいならば、メリーランド大学のローレンス・オーズベル教授とノースカロライナ州立大学のセイヤー・モリル助教授らが提案した次のマッチング方法がよいでしょう。

それは単純で、不適合ペアのドナーの腎臓を先に取っておくというものです。つまり先にドナーが腎臓を誰かに提供して、その後に患者が別のドナーから腎臓をもらえるようにする。

何となく嫌な感じに思えるかもしれませんが、「貯金が先」で「使用は後」というわけで、そう突飛なアイデアではありません。オーズベルとモリルはこのアイデアをマクロ経済学の世代重複モデルから得たと述べています。

†日本での活用は有効か

日本における腎移植の状況は先進国としては特異なものです。最大の特徴は献腎移植がきわめて少ないことで、例えば100万人当たりの献腎移植はアメリカで33人を超すのに対し、日本はわずか1・3人に過ぎません(2005年)。

日本では1997年10月に臓器移植法が施行され、臓器提供の意思表示をしていた者が心停止や脳死になったときに、臓器が待機登録患者に移植される仕組みができました。

この施行も先進国としてはかなり遅いものだったのですが、施行後もその普及はなかなか進まず、特に脳死者からの提供は1999年に4人の脳死者から行われたのが最初で、その後もその数は10人前後を推移するに過ぎません。

2009年7月に同法が改正され、本人が臓器提供の意思表示をしていなくとも、家族が承諾すれば臓器提供ができるようになりました。これにより脳死者からの提供が増加して、2010年には32人からの提供がありました。しかし待機登録患者は1万人を超しているので、これは全体の割合から見ればわずかな数です。

待機登録患者数に比べて献腎の数が少ないのは各国共通ですが、それでも日本は特に少ないのです。脳死が発生してもそこから移植に向かう腎臓がわずかです。脳死判定の基準もきわめて厳しく、また脳死者が生前に臓器提供の意思表示をしていても、遺族（その範囲も広い）が反対したら移植は実現しません。

そして日本では医療技術が進展し、血液型不適合の腎移植が可能になっています。また、腎移植マッチングは行っていません。これに関連して、2012年9月20日に改定された日本移植学会の腎移植についての倫理指針を見てみましょう。

そこにはまず、腎移植は

親族に限定する。親族とは6親等内の血族、配偶者と3親等内の姻族をいう

と書かれています。そして次に

親族に該当しない場合においては、当該医療機関の倫理委員会において、症例毎に個別に承認を受けるものとする。その際に留意すべき点としては、有償提供の回避策、任意

性の担保等があげられる。さらに、事前に日本移植学会倫理委員会に意見を求めなければならない

と続きます。親族には姻族も含まれているので、これは医学的に血縁の有無を重視しているというわけではありません。

この倫理指針は「親族に該当しない場合」も扱っているので非親族間での移植を妨げてはいません。しかし腎移植マッチングは非親族間の移植を前提とし、しかもそれに組織的に取り組むので、この倫理指針とはかなり相性が悪いものです。

韓国では1990年代初めごろには不適合ペアのデータプールが作られ、腎移植マッチングが推進されました。また、アメリカでは2000年代になって腎移植マッチングを行う機構が国内に多数設立され、今ではそれらの一元化を検討する段階にあります。

日本移植学会は2004年に「ドナー交換腎移植に関する見解」というものを発表しました。要約すると、日本では血液型不適合でも移植ができる技術が進展しており、またドナーの組み替えは倫理的に問題があるのでわざわざ行う必要が無いというものです。

そして「ドナー交換ネットワークなどの『社会的なシステム』によりドナー交換腎移植

を推進すべきものではない」という一文も入っています。

ただしこの見解は、どうして推進する「べきものではない」のか、推進している他国の制度は倫理的に問題があるのかについて述べているわけではありません。

日本移植学会は同年に、学会評議員に対して腎移植マッチングについてのアンケートを取り、学会誌『移植』で結果を発表しました。

興味深い項目がたくさんありますが、ドナーを交換することの必要性については「ある」が45名で、「ない」が51名です。またそれを行うための社会システム、いわば腎移植マッチングのための機構が必要であるかの問いには「すぐにでも必要がある」が12名、「将来必要となるかもしれない」が31名、「当面必要でない」が25名、「将来にわたっても不必要」が23名です。

こうした結果について、東海大学医学部の加藤俊一教授は「欧米ではドナー交換腎移植を可能にする社会的システムを確立するための動きが見られるが、日本においてはそのような気運はないか、熟していないことが示唆された」と述べています（『臨牀透析』2007年）。

ただし2003年には九州大学医学部付属病院で、2組間でドナーを交換した腎移植が行われています。しかし公に発表されたのはおそらくこの1件だけであり、その後、続いている様子はありません。

また、「日本は医療技術が高いので、腎移植マッチングを行う必要性は無い」という視点は、話の順番が逆になってしまっています。日本は献腎移植が国際的にも圧倒的に少なく、また腎移植マッチングを行わないので医療技術が高度化したのです。

透析についても、腎移植を行う選択肢が広まらないゆえに技術が向上してきたという背景があります。

日本で最初に不適合ペアへ移植が行われたのは1989年、東京女子医科大学病院においてでした。その手術では免疫拒否反応を抑えるため患者の脾臓の摘出（脾摘）がなされています。脾摘は患者への侵襲性は高いのですが、不適合移植においては標準的なものとして長く行われてきました。

日本において不適合移植は、脱感作療法の進展や新たな免疫抑制剤の利用により生着率を上げていき、脾摘も回避されるようになってきました。特に2004年から使われ始めたリツキシマブという免疫抑制剤が、脾摘を代替する役割を果たしています。

なおリツキシマブはもともと抗癌剤として利用されているもので、腎移植についての保険適用は2013年2月末現在、まだなされていません。

生着率を数字で見てみると、2000年以前は1年が85%、3年が76%、5年が70%でしたが、2001年以後は1年が96%、3年が93%、5年が91%まで上がっています（高橋・田中2012）。そして現在では不適合の場合も、適合の場合と遜色ない生着率が実現しています。いうまでもなくこれは日本の腎移植医たちの見事な成果です。

しかしながら、日本における2010年の血液型不適合の移植は195件で、アメリカにおける腎移植マッチングによる移植は300件を超しています。

日本の高度な「自然科学技術」は目を見張るものですが、アメリカの「社会科学技術とそれを使い切る文化」にも評価の目を向けるべきでしょう。

またアメリカでは腎移植マッチングのチェーンの一部に不適合移植を組み合わせることもあります。81頁にある、AB型ドナー⑧からA型患者⑨への移植はその例です。

現在の日本で腎移植マッチングを導入するメリットはあるのでしょうか。これに関する事柄をいくつか列挙してみます。

○免疫抑制剤について

・不適合移植の生着率が適合移植のそれに追いついているとはいえ、生着率が腎移植成績のすべてというわけではない。脾摘を回避するためにリツキシマブなどの強い免疫抑制剤を用いると感染症リスクが高まる（このリスクは脾摘でも同様）。
・血液型が適合していても、ポジティブクロスマッチの場合はやはりリツキシマブなど強い免疫抑制剤を用いる必要がある。

○コスト的なものについて
・リツキシマブなど高価な薬剤が必要となる。
・不適合移植には追加的な医療手数が多く必要。術後管理にもより高度な専門的知識がいる。
・不適合移植は入院期間が1カ月程度長く、その分、医療経済的に良くないし、患者、医療従事者、ベッド数に負担がかかる。
・診療報酬点数において、不適合移植は、適合移植より約3割高い（高橋・田中2011）。患者の自己負担割合はその一部だが、残りは国庫負担であり結局は国民全体が払っている。なお日本（の保険医）は、厚生労働省が定める診療報酬点数表により医療費が算出されており、これは病院間で等しい。患者の体質や合併症の有無により金額は異なるので一概には言えないが、国立病院機構千葉東病院による（割に典型的と思われる）比較の報告では、不適合の場合が400万円から530万円程度、適合の場合は270万円から330万円とある（高橋2012）。

以上はメリットが比較的明らかなものです。以下の事項は、効果があまり明らかではないものの、注意してよさそうな点です。

○A型からB型への移植は、B型からO型への移植より、生着率が良好である。また、HLA型によっても生着率の良さにはやや差がある（高橋・田中2012）。つまり全体として不適合移植の生着率が適合移植のそれと遜色ないとはいえ、細かい点を見てみると、ドナーの交換により生着率を上昇させる余地はある。
○腎移植マッチングならではの、「善きサマリア人ドナー」の出現に期待できる。この出現が全体に有益に働くことは前述の通り。
○腎移植マッチングという目新しい仕組み自体が移植医療への高い関心を生む。実際アメリカでは「善きサマリア人ドナー」のことが大きく報じられている。

○日本で血液型不適合での移植が進んでいるとはいえ、もしどのペアの間でも完全に移植できるわけではないのならば、ドナーの組み替えで解決できるケースもあるのではないか。

つまり腎移植マッチングには相応のメリットがあるわけです。特に患者が不適合移植に伴う療法（強い免疫抑制剤の服用、血漿交換など）を避けたかったり、金銭負担を軽減したかったりするならば、そのような不適合ペアを集めたプールを作りその中で腎移植マッチングを行うことは有効です。

もちろん患者が、近親者ドナーの腎臓を欲しいならば、彼らに対して腎移植を行えばよいのです。決して「選択の自由」という荒っぽい話をしているのではありません。単に、肉体的にも経済的にも負担の少ない選択肢をひとつ増やしてもよいのではないかということです。

＊　＊　＊

本章の冒頭で、組み合わせを変えるのは何かを足したり引いたりすることではないと述べました。既に在るものを有効活用しきるというのが、組み合わせを改善するという試みの真骨頂です。そのための強力なツールがアルゴリズムで、ここではTTCアルゴリズムを中心に話を進めてきました。

しかし問題によってはTTCアルゴリズムを使えない、あるいは別のアルゴリズムのほうが優れた成果を上げることもあります。特にTTCアルゴリズムは、人と住宅、人と腎臓のように、人とモノを組み合わせる際には強力に働くのですが、人と人との組み合わせを扱うのには向いていません。

1962年にデビッド・ゲールとロイド・シャプリーは『大学入学と結婚の安定性』という、数式をひとつも含まない論文をアメリカ数学会月誌に発表しました。そこで彼らは人と人を組み合わせるマッチング問題を定式化し、ひとつの見事なアルゴリズムを提案しました。

それはマッチング理論のビッグ・バンのような出来事でした。次章ではこれに関する話を進めていきます。

第二章

両想いの実現

――マッチング理論のケーススタディー

カップルの破局や内定の辞退など、一度決まった組み合わせ（マッチング）が解消してしまうのはよくあることです。

時間の経過とともに関係が変化していくのは仕方ありません。しかし中には、好意を持たない相手との交際や、行く気が乏しい企業からの内定など、続かないのが当然であるような関係も存在します。

そのようなマッチングは不安定で維持が困難なうえ、新たな組み替えにより全体の改善を図れる可能性があるという点で、あまり良いものではありません。

では一体、どうすれば不安定でない、安定的な組み合わせを見付けられるのか。安定性はカップルや内定に限らず、より広く、人と人、および人と組織の優れた組み合わせを考察するうえでのキーワードとなります。

安定性をめぐる問いは、1962年にゲールとシャプリーがマッチング理論を創始して以来、常に組み合わせをめぐる議論の中心に存在してきました。1990年代後半からは研修医マッチングや学校選択マッチングなど現実の問題で、そうした研究を実用化する動きも盛んになっています。

では厳密には、安定性とは何なのか。そもそも不安定とは何なのか。どうすれば不安定なマッチングを回避し、安定マッチングを見つけ出すことができるのか。ひとまずはきわめて具体的に、大学でのゼミ選びを題材として話を進めていきましょう。

†志望のゼミに入るためには

日本の多くの大学ではゼミと呼ばれる少人数編成の双方向型授業があり、それに入るためには一定の選考を受けるのが通常です。

例えば筆者の勤務先である慶應義塾大学の経済学部では、学生たちは二年生の終わりにゼミの選考を受け、合格すれば三年生の初めから入ることになります。ゼミは学業と交友において重要な役割を果たすので、大抵の学生はどこかのゼミに入ることを希望していますが、全員が入れるわけではありません。選考方式の概略は次のようなものです。

○A日程　各学生は約60人いる教員の中からひとりの教員のゼミに願書を出す。各教員は志望者の中から（試験やレポートや面接などで）合格者を選ぶ。

A日程で合格になった学生はこれでゼミが確定します。またA日程で合格者が十分に集まった教員もこれでゼミ生が確定します。それ以外の学生と教員は、次のB日程へ進みます。

○B日程　B日程に進んだ学生は、B日程に進んだ教員の中からひとりの教員のゼミに願書を出す。教員は志望者の中から合格者を選ぶ。

細部や例外はさておき、基本的にはこれで公式のプロセスは終了です。

以上の選抜方式を「AB日程方式」と呼ぶことにします。AB日程方式のもとでは学生は、どのゼミに出願するかについて入念に検討する必要があります。人気の高いゼミを志望した場合、競争が激しくなり落とされる可能性が高まるからです。

またA日程で落ちた場合、入りたいゼミがB日程に残っているとは限りません。だから学生はできるだけA日程で合格したいと思っています。

教員にとってもどのような学生がゼミに来てくれるかは大切で、少なくとも筆者にとっては、職業生活の質を左右すると言ってもいいくらいです。A日程で十分な数の志願者が集まったとしても、そこで何人かには不合格を出して、B日程で来る志願者を選んだ方がよいのかもしれません。これは難しい判断です。

人気の高いゼミや、誰が見ても優れた学生といったものはあります。しかし基本的に、どのゼミに入りたいかは学生により異なり、教員の学生への評価基準もさまざまです。では学生とゼミはどのような方式で組み合わせればよいのでしょう。そしていったい何が「良い」組み合わせなのでしょうか。

当然ながら、こうした組み合わせの問題はゼミ選びに固有のものではありません。例えば研修医と病院を組み合わせる問題（研修医マッチング）、労働者と会社を組み合わせる問題（ジョブマッチング）、学生と公立学校を組み合わせる問題（学校選択マッチング）など、類似の問題は多数あります。こうした問題を統一的に考察するのが安定マッチングの理論です。

†大学入学と結婚の安定性

デビッド・ゲールとロイド・シャプリーは1962年に『大学入学と結婚の安定性』というタイトルの論文をアメリカ数学会の月誌に公刊しました。ゲールとシャプリーは第一章で登場したのと同じ人物です。

タイトルは数学の論文としてかなり風変わりですが、内容も風変わりで数式はひとつも出てきません。しかし紛れもなくこの論文は新たな応用数学の一分野を創始するもので、ゲールとシャプリーは数学が現実的な問題を考察するのに役立つことを文中で強調しています。

彼らはその論文でマッチングというものを定式化し、安定マッチングと呼ばれる組み合わせの概念を導入し、安定マッチングを短時間で見付けるアルゴリズムを与えました。そのアルゴリズムは**受入保留方式**と呼ばれており、今日、研修医マッチングや学校選択マッチング、大学の付属高校から大学学部への学生の割り当てなど、多くの場面で活用されています。これからその仕組みを見ていきましょう。

個人1から3を「男性」、個人4から7を「女性」、そしてゼロ（0）を「独りでいること」を示すものとします。ここで男性と女性はヘテロセクシャルであり、男性は女性に、女性は男性に対して選好を持つものとします。

この人たちの選好を次の表の通りとしましょう。

男性の人名＼女性への順位	1位	2位	3位	4位	5位
1	4	5	7	0	6
2	5	6	4	0	7
3	4	7	0	6	5

男性の選好

女性の人名＼男性への順位	1位	2位	3位	4位
4	3	2	1	0
5	3	1	2	0
6	3	1	0	2
7	1	2	0	3

女性の選好

この表は、男性1が「女性4、女性5、女性7、独りでいること、女性6」の順で好むというように理解してください。他の人々についても同様です。なお、この状況を本章の冒頭で扱った学生とゼミの組み合わせに見立てれば、男性が学生で女性がゼミです。

さて、ここで読者の皆さんは自分を、婚活パーティーを主催する世話好きなお見合いおばさんだと思ってみてください。以後の話がより分かりやすくなるはずです（たぶん）。

お見合いおばさんとしては、これら男女をできるだけうまく組み合わせて結婚させたいわけです。もちろん「一夫多妻」や「多夫一妻」は認めません。あくまで一対一の組み合わせを考えます。これを一対一マッチングの設定といいます。
まずはこの状況でAB日程方式を用いたらどうなるか見て、お見合いおばさんの考えるべきポイントを明らかにしておきましょう。

○A日程（第一ステップ）

各男性は、一番好きな女性にプロポーズする（ただし独りがいいならそれを選択）。そして女性は自分にプロポーズした中で一番好きな男性のプロポーズを受諾する（ただし独りがいいならそれを選択）。ここでは男性1と3が女性4にプロポーズして、女性4は男性3のプロポーズを受諾する。男性2は女性5にプロポーズして、女性5はそのプロポーズを受諾する。これを次のようにハートマークで記します。

（3♡4）
（2♡5）

○B日程（第二ステップ）

まだ相手が決まっていない男性は、残る中で一番好きな女性にプロポーズする（ただし独りがいいならそれを選択）。そして女性は自分にプロポーズした男性の中で一番

好きな男性のプロポーズを受諾する（ただし独りがいいならそれを選択）。ここでは男性1が女性7にプロポーズして、女性7がそのプロポーズを受諾する。
（1♡7）

以上でプロセスは終了し、女性6は独りとなる。

こうして得られたペアの組み合わせ
（1♡7）（2♡5）（3♡4）
を**マッチング**と呼ぶことにします。

このマッチングについては次のことが言えます。男性1は女性7とペアになっていますが、それより女性5のほうが好きです。そして女性5は男性2とペアになっていますが、それより男性1の方が好きです。

よってこのマッチングのもとでは、男性1と女性5の間で「駆け落ち」が生じえます。TTCアルゴリズムのときの言葉を用いれば「抜け駆け」です。婚活パーティーを主催する身としてはそんな事態は避けたいものです。

ＡＢ日程方式のように抜け駆けを伴うマッチングが発生するということは、それを実行するときに阻止が起こりうると同時に、そもそも両想いの人々を組み合わせることに失敗していますす。そこでお見合いおばさんの目標として、どのような抜け駆けも生じないマッチングを見付けることにしましょう。そうしたマッチングのことを安定的といいます。

ＡＢ日程方式の問題点は安定的なマッチングが得られないだけではありません。それは戦略的操作に対して弱いという欠点も持ちます。例えば男性1が戦略的に、「4、5、7、0、6の順」という真の選好でなく、「5、4、7、0、6の順」という虚偽の選好に基づきプロポーズをしていたらどうなったでしょうか。つまり1位と2位を逆にしたわけです。

するとＡ日程では男性1と2が女性5にプロポーズして、女性5は男性1のプロポーズを受諾することになります。そして男性1は女性5を7より好きなので、この戦略的行動により得をします。

戦略的行動は戦略的だから悪いというわけではありません。しかし皆が互いに相手の行動を予想して危険を回避することで、結果として、本来は両想いである男女がカップルにならなかったり、人気のあるゼミなのに志願者が皆無といった事態が起こったりするのは望ましくありません。選抜には競争が伴うわけですが、そうである以上、結果があまり運任せにならないフェアなルールを使うほうがベターです。

戦略的行動に対し強くて、安定マッチングを見付けられるような方式は果たしてあるのか。お見合いおばさんとしては気になるところです。答えを言うと、ちゃんとあります。それがゲールとシャプリーによる受入保留方式です。先ほどと同じ選好を再掲して、そのもとで受入保留方式がどのように働くかを見ていきましょう。

女性への順位 / 男性の人名	1位	2位	3位	4位	5位
1	4	5	7	0	6
2	5	6	4	0	7
3	4	7	0	6	5

男性への順位 / 女性の人名	1位	2位	3位	4位
4	3	2	1	0
5	3	1	2	0
6	3	1	0	2
7	1	2	0	3

受入保留方式のポイントは「受諾」でなく「仮受諾」を逐次的に行うことで、それが受

入「保留」方式と名付けられる所以となっています。

○第一ステップ

各男性は一番好きな女性にプロポーズする（ただし独りがいいならそれを選択）。そして女性は自分にプロポーズした中で一番好きな男性のプロポーズを「仮」受諾する（ただし独りがいいならそれを選択）。

ここでは男性1と3が女性4にプロポーズして、女性4は男性3のプロポーズを仮受諾する。男性1は振られる。男性2は女性5にプロポーズして、女性5はそのプロポーズを仮受諾する。

（3♡4）（2♡5）

○第二ステップ

前回のステップで振られた男性は、これまで振られていない中で一番好きな女性にプロポーズする（ただし独りがいいならそれを選択）。そして女性は自分にプロポーズした男性と、仮受諾中の男性がいる場合はその人とを比較して、一番好きな男性のプロポーズを受諾する（ただし独りがいいならそれを選択）。

ここでは男性1が女性5にプロポーズして、女性5は男性1と仮受諾の男性2を比較し、より好きな男性1を新たに仮受諾する。男性2は振られてしまう。

(3♡4)(1♡5)

○第三ステップ

これ以降のステップは第二ステップと同様。つまり前回のステップで振られた男性は、これまで振られたことが無い中で一番好きな女性にプロポーズする(ただし独りがいいならそれを選択)。そして女性は自分にプロポーズした男性と、仮受諾中の男性がいる場合はその人とを比較して、一番好きな男性のプロポーズを受諾する(ただし独りがいいならそれを選択)。

ここでは男性2は女性6にプロポーズして、女性6は独りでいることを選択する。男性2は振られる。

○第四ステップ

男性2は女性4にプロポーズする。女性4は、男性2と仮受諾中の男性3を比較し、男性3を仮受諾し続ける。男性2は振られる。

○第五ステップ

男性2にとってまだ振られていない女性は7だけだが、その人とペアになるよりは独りでいるほうがよいので、独りでいることを選択する。

以上でプロセスは終了しマッチング
（3♡4）（1♡5）
が確定する。男性2と女性6と女性7は独りとなる。

このマッチングのもとで「駆け落ち」が生じないことを確認していきましょう。例えば男性1はペアになっている女性5よりも、女性4のほうが好きです。しかし女性4は男性1より、ペアになっている男性3のほうが好きです。つまり男性1を含む駆け落ちは成立しません。

同様に女性5は、ペアになっている男性1よりも男性3のほうが好きですが、男性3は彼女と駆け落ちしてくれません。なぜなら、この例では男性3と女性4は互いに最愛の相手とペアになっており、この二人を含む駆け落ちは起こりようがないからです。つまりこのマッチングは安定的になっています。

いまの例に限らず、男女が何人いようとも、また彼ら彼女らの選好がどのようなものであろうとも、受入保留方式のもとでは安定マッチングが得られることをゲールとシャプリーは証明しました。

ところで、いまの受入保留方式の説明では「プロポーズ」という言葉を用いていましたが、これはもちろん便宜上のものです。本当にプロポーズしたり、断ったり、プロポーズが来なくて寂しがったりすることを、他人が見ている前でする必要はありません。実際には、男性は女性への選好を、女性は男性への選好を、紙やマークシートに書くなり、オンラインの画面に入力すればよいだけです。受入保留方式を用いるときは、参加者が少数なら手作業でも大して時間はかかりませんが、人数が多いならコンピュータに解かせる方が簡単でしょう。

では受入保留方式を使うとして、結果を求めるのに時間がかかり困ることはないのでしょうか。やや専門的な言い方をすると、受入保留方式は計算のスピードが早いアルゴリズムなのでしょうか。

いま男性がn人、女性がm人としてこの問いを考えてみましょう。このアルゴリズムのもとでは、一回のステップで最低一名の男性は必ずプロポーズを行います（プロポーズする人がいなくなったら終了なのでこれは当然)。そして一人の男性が全ての女性に振られたとしても、それに必要なステップ数はm(=女性の総数)です。

ということは、アルゴリズムが終了するために必要なステップ数は最大でもn×m(男性数×女性数)に留まります。仮に10人の男性と8人の女性がいるならば、ステップ数は最大でも80回、つまりどのようなケースでも80回以内の計算で結果を求めることができるわけです。

もちろんこの数はnやmが大きくなるにつれ増えていきます。しかし増え方はあまり大きくない。現在のコンピュータの性能ならば、それらの数が相当大きくともごく短時間に結果を求めることができます。

†安定マッチングと利害の一致

第一章で扱った「人と物」を組み合わせる問題では、強コア配分はただひとつしかありませんでした。しかし本章のように「人と人」を組み合わせる問題では、安定マッチングはひとつだけとは限りません。ときには2個以上存在します。

しかし安定マッチングが複数存在するときでも、それらの中には特に目立つ、場合によってはぜひその安定マッチングを実現させたいというようなものがあります。これを見ていくため次の選好を例に考えてみましょう。

女性への順位 / 男性の人名	1位	2位	3位	4位	5位
1	6	5	4	0	7
2	5	7	6	4	0
3	5	4	0	7	6

男性への順位 / 女性の人名	1位	2位	3位	4位
4	1	2	0	3
5	1	2	3	0
6	3	2	1	0
7	3	0	1	2

まず男性をプロポーズする側として受入保留方式を用いてみます。

〇第一ステップ
　男性1は女性6にプロポーズして、女性6は男性1を仮受諾する。男性2と3は女性5にプロポーズして、女性5は男性2を仮受諾し男性3を振る。

（1♡6）（2♡5）

○第二ステップ

男性3は女性4にプロポーズするが、女性4は「あなたとペアになるよりは独りのほうがいい」と男性3を振る。

○第三ステップ

男性3は独りでいることを選ぶ。

以上でプロセスは終了してマッチング

（1♡6）（2♡5）

が確定する。男性3と女性4と女性7は独りとなる。

次に女性をプロポーズする側として受入保留方式を用いてみます。

○第一ステップ

女性4と5は男性1にプロポーズして、男性1は女性5を仮受諾して女性4を振る。

女性6と7は男性3にプロポーズするが、両者とも振られる。
(1♡5)
○第二ステップ
女性4と6は男性2にプロポーズして、男性2は女性6を仮受諾して女性4を振る。
女性7は独りでいることを選ぶ。
(1♡5)(2♡6)
○第三ステップ
女性4は独りでいることを選ぶ。

以上でプロセスは終了してマッチング
(1♡5)(2♡6)
が確定する。

こうして得られた二つのマッチングはともに安定的になっています。男性がプロポーズした場合、男性1は女性6と、男性2は女性5とペアになります。しかし女性がプロポーズした場合はそれが逆で、男性1が女性5と、男性2が女性6とペアを組むことになります。

そして男性1と2はともに、男性がプロポーズするときの結果のほうが、女性がプロポーズするときの結果より好ましいです。同様に、女性5と6はともに、女性がプロポーズするときの結果のほうが、男性がプロポーズするときの結果より好ましいです。

そしてまた男女のいずれをプロポーズ側にしても、男性3と女性4と女性7が独りに残る点は同じです。

これらの事実は一般に成り立つことが知られています。

○利害の一致

男性をプロポーズ側にして得られた安定マッチングは、全ての男性にとって、他のあらゆる安定マッチング以上に好ましい結果となっている。同様に、女性をプロポーズ側にして得られた安定マッチングは、全ての女性にとって、他のあらゆる安定マッチング以上に好ましい結果となっている。

○僻地病院定理

安定マッチングは複数存在しうるが、独りとなる人はどの安定マッチングのもとでも同じである。

利害の一致が成り立つことから、男性がプロポーズして得られる安定マッチングを**男性最適安定マッチング**といいます。同様に、女性がプロポーズして得られる安定マッチングを**女性最適安定マッチング**といいます。

男性にとって、女性最適マッチングは安定マッチングの中で最も好ましくないものになっています。そして逆に女性にとって、男性最適安定マッチングは安定マッチングの中で最も好ましくありません。

この性質はジョン・コンウェイにより示されたもので、ドナルド・クヌースの1976年の著書『安定的な結婚』に掲載されました。

利害の一致はかなり不思議な結果です。

なぜかというと、ここで扱っている問題は、男性という「女性の需要者であり、かつ男性の供給者」を、女性という「男性の需要者であり、かつ女性の供給者」と組み合わせることだからです。つまり男性たちは需要者として女性の供給を奪い合い、また供給者として女性の需要を奪い合う関係にあります。

ですからそれぞれの男性によって、この安定マッチングが良い、あの安定マッチングが良いといったように、利害は異なる方が自然なのです。しかし安定マッチングの中でそのようなことは生じません。安定マッチングの中で、全男性にとって共通でベストなものがある。女性たちについても同様で、安定マッチングの中で全女性にとって共通でベストなものがあります。

次いで「僻地病院定理」ですが、これはロスが1986年のエコノメトリカ誌に掲載した論文で証明しました。

僻地病院定理の名称は、片側を研修医、もう片側を病院に見立てて結果を解釈したもので次のことを意味します。安定マッチングが二個以上ある場合を考えましょう。その中からどれかひとつを選ぶとします。しかし人気の無い病院は、どの安定マッチングが選ばれても、ひとりも研修医が来ません。また同様に、人気の無い研修医はどの安定マッチングが選ばれても、どこにも就職できません。

こう説明するとシビアに聞こえるでしょうが、あまり「勝ち組、負け組」みたいに受け取らないでください。そもそも安定マッチングが一個しかないときには僻地病院定理は何も意味しません。むしろこの定理が言っているのは、安定マッチングが二個以上あるときでさえも、それらは似通っているということです。

†正直は最善の策（ふたたび）

受入保留方式のさらなる利点は、プロポーズ側にとっては真の選好を表明するのが得策になっていることです。先ほど扱った選好をもう一度考えてみましょう。

男性の人名＼女性への順位	1位	2位	3位	4位	5位
1	6	5	4	0	7
2	5	7	6	4	0
3	5	4	0	7	6

女性の人名＼男性への順位	1位	2位	3位	4位
4	1	2	0	3
5	1	2	3	0
6	3	2	1	0
7	3	0	1	2

このもとで男性をプロポーズ側として受入保留方式を用いると、マッチング

（1♡6）（2♡5）

が得られるのでした（114頁）。ここで「嘘をつけば誰か女の子が見つかったのでは」と見えるのは男性3ですが、受入保留方式はそんなに甘くありません。例えば男性3はステップ1で女性5にではなく、女性4にプロポーズしても振られるし、女性6や7にプロポーズする気にはなれません（独りのほうがよい）。

この例に限らず、他のどのようなケースにおいても、嘘のプロポーズにより結果を改善することはできないことが知られています。つまり受入保留方式のもとでは、プロポーズする側は真の選好を表明するのが常に最適になっているわけです。

一方で、プロポーズを受ける側にとっては必ずしもそうとは限りません。

例えばいまの例で、女性6が真の選好「3、2、1、0」の順でなくて、虚偽の「2、0、1、3」の順に基づき行動したらどうなったでしょうか。

ここでは結論だけ述べておくと、この虚偽のもとで女性6は男性2とペアになることができます（関心のある方はこれまでと同様のやり方で、受入保留方式を使ってみてください）。そして彼女は男性2のほうが、真の選好のもとでペアになる男性1より好きです。

よって議論を整理すると次のようになります。男性がプロポーズ側の受入保留方式は、男性にとって正直な選好を申告するのが最適になっている一方で、女性にとってはそうとは限らない。逆に、女性がプロポーズ側の受入保留方式は、女性にとって正直な選好を申告するのが最適になっている一方で、男性にとってはそうとは限らない。このことを、受入保留方式は**片側耐戦略性**を満たすといいます。

では安定マッチングを常に選び、かつ（片側だけでなく）両側にとって耐戦略性を満たすようなマッチング方式はあるのでしょうか。残念ながら、そこまで優れたマッチング方式は存在しないという不可能性定理をロスが証明しています。

つまり完璧なマッチング方式は存在しないわけですが、これは仕方の無いことです。建物だって耐震性を高めるために柱を増やすと居住面積は狭くなります。何がどこまで可能か、どこで妥協するかを見付けるためには不可能性定理も大切です。

戦略的操作に対して強いマッチング方式がほしいわけですが、安定性と両立させるためには片側耐戦略性というのが優れた妥協点であり、受入保留方式がそれら両条件を満たしてくれるというわけです。

さらにいえば今では、安定性と片側耐戦略性を満たす方式は、受入保留方式しかないことまで分かっています。

受入保留方式の存在感は他のどの方式をも圧しているといってよいでしょう。ゲールとシャプリーはこんなに完成度の高いところからマッチング理論をスタートさせたわけです。

†研修医の就職活動

婚活パーティーでは一対一のマッチングを考えていました。しかし実際の応用では両サイドのうちどちらか一方が、(ひとりだけでなく)複数の相手を受け入れるケースがほとんどです。そうした例を見ていきましょう。

これからひとつの病院で働く研修医と、複数の研修医を雇用する病院を組み合わせる問題を考えます。このように、一方がひとつの相手とだけマッチし、もう一方が複数の相手とマッチする問題を**一対多マッチング**といいます。

細かいことですが、ここでいう「研修医」はいま就職活動中であり、まだ研修医にはなっていません。ですから本当は「研修医の卵」とか「新卒予定の医学部生」と呼ぶほうが正しいのですが、表現をシンプルにするため研修医と呼びます。

研修医を1から6、病院をAとBで表しましょう。両病院とも定員は二名で、研修医と病院の選好は次の表の通りとします。ここでゼロ(0)は、研修医にとっては「無職」を、病院にとっては「採用せず」を表します。例えば、研修医3にとっては病院Bに行くくらいなら無職のほうがよいし、病院Aにとっては研修医1を雇うくらいなら誰もいないほうがましです。

病院への順位／研修医	1位	2位	3位
1	A	B	0
2	B	A	0
3	A	0	B
4	A	0	B
5	A	B	0
6	B	A	0

研修医の選好

研修医の順位／病院名	1位	2位	3位	4位	5位	6位	7位
A	3	2	6	4	5	0	1
B	3	1	6	5	4	0	2

病院の選好

ここで研修医をプロポーズ側にして受入保留方式を用いると次のようになります。

○第一ステップ

▼研修医1と3と4と5は病院Aに出願して、病院Aは研修医3と4を仮受諾する。

▼研修医2と6は病院Bに出願して、病院Bは研修医6を仮受諾する。

病院	仮受諾の研修医
A	3, 4
B	6

○第二ステップ

▼研修医1と5は病院Bに出願して、病院Bは研修医6を仮受諾したまま研修医1を新たに仮受諾する。

▼研修医2は病院Aに出願して、病院Aは研修医3を仮受諾したまま新たに研修医2を仮受諾し、研修医4の仮受諾を解く。

病院	仮受諾の研修医
A	2, 3
B	1, 6

○第三ステップ

▼研修医4と5の無所属が確定する。仮受諾の状況

病院	受諾の研修医
A	2, 3
B	1, 6

が正式に「受諾」としてマッチングが確定する。

このように受入保留方式を用いてみると、一対多マッチングは一対一マッチングに似ているという印象を持つ人が多いのではないでしょうか。

確かに、一対多マッチングにおいても、一対一のときと同様に、受入保留方式はプロポ

ーズする側にとって最適な安定マッチングを常に導いてくれます。

しかし一対一と一対多は似てはいますが、同じなわけではありません。ロスは1985年にジャーナル・オブ・エコノミックセオリー誌に『大学入学問題は結婚問題と同じではない』という論文を発表して、両者がどう同じで、また何が異なっているかを詳細に論じました。

両者が同じである点は、一方の側にとって最も好ましい安定マッチングは、もう一方にとって最も好ましくない安定マッチングになっているということです。

しかしここでは両者が異なる点のほうがより重要です。まず一対一マッチングにおいて両サイドは構造的に対称なので、プロポーズする側がどちらでも、その側についての片側耐戦略性が成り立っていました。

しかし一対多マッチングにおいては、一側（研修医）がプロポーズする場合は片側耐戦略性が成り立つものの、多側（病院）がプロポーズする場合はそれが成り立ちません。

この非対称性は一体多マッチングでどちらをプロポーズ側にするかの選択において、一側にした方がよいのではないかという視点を与えることになります。

アメリカには研修医マッチング機構という、研修医と病院を組み合わせる国家規模の仕組みがあります。1980年代にロスはそこで用いられてきたマッチングアルゴリズムに着目し、ジャーナル・オブ・ポリティカルエコノミー誌にそれについての研究成果を発表しました。論文の題名は『研修医労働市場の進化――ゲーム理論によるケーススタディー』です。

労働者と雇用者のマッチングは個々のプレイヤーがそれぞれバラバラに繰り広げた場合、かなり厄介で面倒なものです。

例えば日本の新卒者労働市場における就職活動の早期化を考えてみましょう。これは会社間で、他社より早く優秀な学生を確保しようというレースの結果起こっている現象です。そこでは早々に内定をもらった学生も、より入りたい会社の内定を得ようと就職活動を続けて、満足する内定を得たらそれまでに得た内定を全て辞退します。

会社はそれを不確実に見込んだうえで多めに内定を出しておくか、新たに補充を行うか、さもなければ人員不足に困ります。ルールが複雑でプレイに多大な時間と費用がかかる、学生と会社の双方に負担の重いゲームといえるでしょう。

1940年代までのアメリカでは研修医の新卒者労働市場はこのような事態に直面していました。そこで1951年にバラバラにではなく共同でNIMPアルゴリズムというものを用いて研修医の病院への配属を決めることになりました。

このアルゴリズムの利用について理論的な根拠があったわけではありません。そもそもマッチング理論が誕生する10年以上前のことです。

ところがＮＩＭＰアルゴリズムのもとでは、研修医の内定辞退がその導入以前と比べればかなり抑えられるようになりました。マッチング理論の言葉を使えば安定性の高いマッチングを実現できたということになります。

ロスはＮＩＭＰアルゴリズムをマッチング理論の枠組みで定式化し、そのアルゴリズムが安定マッチングを導くことを証明しました。内定辞退の抑制を安定性から説明したわけです。しかしこのことはＮＩＭＰアルゴリズムが、改善の余地が無いほどうまく出来ていることまでは意味していません。

一般に安定マッチングは複数存在するというのはこれまで述べた通りです。ではＮＩＭＰアルゴリズムが導く安定マッチングはどのような安定マッチングなのでしょう。それは病院側にとって最適なものだというのがロスの発見でした。

そして更にロスは、実はこの「病院最適」が必ずしも病院側にとって最適であることを意味しないという議論を展開します。

やや込み入った話になりますが、ＮＩＭＰアルゴリズムや受入保留方式に限らず、病院が研修医への選好をリスト化するときには同順位を認めないことが求められます。つまり研修医に対して１位、２位、３位といった具合に全て整列化して順位を付ける必要があるわけです。

仮に二人の研修医に同順位を付けることを許容しても、アルゴリズムを用いる際にはそれをランダムに崩してどちらかを上方にランクする必要があります。

そしてこれが理論的に肝心なのですが、病院の選好が本当は同順位を含んでいる場合には、同順位をランダムに崩して得られた病院最適安定マッチングは、同順位を含む本来の選好のもとでも病院最適だとは限らないのです。

議論を整理すると次のようになっています。

・病院側の選好は同順位を本来は多く含んでいるはずだ。
・しかしＮＩＭＰアルゴリズムを使う際に同順位をランダムに崩して、そのもとでの病院最適安定マッチングが得られている。
・そのマッチングは同順位をランダムに崩す以前の本来の選好のもとで、安定的にはなっている。しかし病院最適（全ての病院にとって、安定マッチングの中でベスト）であるとは限らない。さらに言えば、このとき病院最適な安定マッチングは存在するとは限らない。

つまりNIMPアルゴリズムは病院最適性の観点から望ましいというわけではないのです。であれば複数存在しうる安定マッチングのうち、NIMPアルゴリズムが導くものを選ぶ理由は薄れます。

同順位の存在うんぬんを考慮しなくても、そもそも一対多マッチングにおいて多側をプロポーズする側にした場合、片側耐戦略性の性質が失われるのでした。であればNIMPアルゴリズムではなく研修医をプロポーズ側として受入保留方式を用いて、片側耐戦略性を確保した方がよいのではないか。

そもそも個々の研修医のほうが組織である病院よりも、戦略的にはフレキシブルに振舞うことができます。であれば研修医側の片側耐戦略性を満たすほうが重要ではないか。そのようにロスは考えます。

そして彼は1995年にアメリカ研修医マッチングのアルゴリズムを改良することを依頼されます。ロス自身の言葉を借りれば「その問題の難しさを単に観察する贅沢を、デザイナーとして失った」のでした。この言葉は2008年のインターナショナル・ジャーナル・オブ・ゲームセオリー誌のデビッド・ゲール85歳記念号に、ロスが寄稿した論文で述べたものです。

結局ロスは前述の論点や、他の現実的な課題(カップルを同地域の病院に勤務させるなど)を組み入れたうえで、研修医がプロポーズ側の受入保留方式を修正した方式を考案します。1998年にその新方式は採用されることになりました。

日本では、かつては大学病院の医局が研修医の人事権を握っており、研修医は医局の決定に従いそれぞれの病院へ配属されていました。しかしそれでは研修医も病院も、自身の希望をうまく決定に反映させることができません。

そこで日本でも2004年から、受入保留方式に基づく研修医マッチング制度が導入されるようになりました。安定マッチングの実現へ動いたといえます。

しかしこのことに対し次のような批判がなされます。かつては医局が人気の無い僻地へも研修医を派遣していた。しかし研修医マッチング制度の導入により研修医は僻地を避けることができるようになり、地域偏在が助長されてしまった。

それでも、希望しない地域に行かされる研修医や、人口が多く人手が足りない地域の病院のことを考えれば、かつての医局による派遣方式が良いとは言い難いものです。

本来は、希望者がいない地域の勤務へは高い給与を払うことで研修医に報いればよいのでしょうが、なかなかそうはなりません。さらに厚生労働省は2011年から研修医の給与格差縮小を目指して、年額720万円を超す給与を研修医に払う病院への、補助金減額を決定しました。

これはおかしな決定です。どの地域に住むかが生活の質に影響を与える以上、希望者がいない地域に派遣される研修医に対し、高い給与でそれを補うのが公平というものでしょう。

厚生労働省の対応はこの公平性の実現を、給与の実質的な上限を定めることで妨害しています。こうした過度のプライスキャップが労働市場の効率性を阻害するものであることはいうまでもありません。

とはいえ、このことを一概に厚生労働省の失策と片付けてよいものなのでしょうか。彼らを含む日本の公務員は過度なバッシングを受けるとともに、度重なる給与削減にあっています。政治家も「自ら痛みを」といったスローガンを半ば強要されており、政治や行政に関する労働環境の劣悪化が止まりません。

日本では高い責任を負う者がそれに見合う給与を得るという当たり前の事柄が、なかなか受け入れられていません。研修医への給与上限もこうした風土が生み出したものと見るべきなのでしょう。

日本の研修医マッチングでは、2009年に受入保留方式を、都道府県別の地域定員を設けて修正して使うことになりました。ところがこの修正があまり上手く出来ていないことを、スタンフォード大学准教授の小島武仁氏とカリフォルニア大学バークレー校助教授の鎌田雄一郎氏が指摘しています。

彼らはその修正のもとでは安定マッチングが必ずしも実現しないことを示し、地域偏在を考慮に入れたうえで、安定マッチングを常に実現する新たな修正版を提案しています。アルゴリズムを修正する際には注意深く行う必要があることを示す好例といえるでしょう。

この詳細については、両氏と学習院大学教授の和光純氏が、日本語の解説論文を作成しているので関心のある方はそちらをご参照ください(参考文献に掲載)。

†通う学校の組み替え

一対多マッチングのさらなる応用例に、**学校選択マッチング**があります。これは学校選択制のもとで学生と公立学校を組み合わせる問題です。ロスは研修医マッチングに続き、2000年代になってボストン市とニューヨーク市における公立学校のマッチング方式の改正に関わることになります。

マッチング理論を学校選択の文脈で活用することを最初に論じたのはボストン・カレッジのタイフン・ソンメッツ教授とその共同研究者たちです。このソンメッツは第一章で登場したのと同じ人物です。また本節では後ほど、第一章で大活躍したTTCアルゴリズムが再登場して、大活躍とまで言えるかどうかは分かりませんが、かなり活躍します。

これからソンメッツとミシガン大学のヤン・チェン教授による例を題材に、学校選択マッチングの説明をしていきますが、そこでは「学区」の概念が重要な役割を果たします。アメリカは日本ほど学区の概念を重要視しないのですが、ソンメッツとチェンは学区を尊重した設定で議論を展開しており、彼らの例は日本の状況に近いものです。

ここには六人の学生（1から6）がいます。学校は四つ（AからD）あり、学校AとBの定員は二名、学校CとDの定員は一名です。学生1と2は学校Aの学区に、学生3と4は学校Bの学区に、学生5は学校Cの学区に、学生6は学校Dの学区にそれぞれ居住しています。

学校	その学区の学生
A	1, 2
B	3, 4
C	5
D	6

研修医マッチングでは各病院が研修医に対して選好を持っていましたが、ここで考える公立学校は「どの学生がほしい」のような選好を持っていません。ただし各学生は、自分の学区の学校には優先的に入れてもらえる権利を有しています。このことは各学校が選好のように、学区内の学生を、学区外の学生より高く順位付けていると見なすことができます。

そしてどの学校にとっても、学区内の学生たちはすべて同順位であり、学区外の学生たちもすべて同順位です。その状況を次の表にまとめておきましょう。

学校	1位の学生たち（学区内）	2位の学生たち（学区外）
A	1, 2	3, 4, 5, 6
B	3, 4	1, 2, 5, 6
C	5	1, 2, 3, 4, 6
D	6	1, 2, 3, 4, 5

同順位の学生間の優先順位は、学区以外の何かの理由で決めることにします。例えばランダムにくじで決めてもいいし、成績で決めても構いません。ここでは最も単純に、くじびきで、どの学校も学生1、2、3、4、5、6の順番で優先順位を付けることになったとします（各学校でバラバラでも本来は構いません）。すると優先順位は次のようになります。

学校名＼学生への順位	1位	2位	3位	4位	5位	6位
A	1	2	3	4	5	6
B	3	4	1	2	5	6
C	5	1	2	3	4	6
D	6	1	2	3	4	5

学校の優先順位

いまの例だと学区とくじだけで優先順位を決めていますが、実際にそれだけで決める必要はありません。例えば兄弟姉妹が通学している場合は高い優先順位を与えるなどの配慮が通常は行われます。

ロスが改革に携わったマサチューセッツ州ボストン市の学校選択マッチングでは、それまでは「早い者勝ち」的な**ボストン方式**というものが用いられていました。

チェンとソンメツの例に倣い、いま学生の選好が次の通りだとして、ボストン方式だとどのような不具合が生じるか見ていきましょう。

学生名＼学校への順位	1位	2位	3位	4位
1	C	A	D	B
2	C	D	A	B
3	D	A	B	C
4	C	A	D	B
5	D	C	A	B
6	A	B	D	C

学生の選好

学校名＼学生への順位	1位	2位	3位	4位	5位	6位
A	1	2	3	4	5	6
B	3	4	1	2	5	6
C	5	1	2	3	4	6
D	6	1	2	3	4	5

学校の優先順位

○第一ステップ

全員が第一位の学校に出願して優先順位の高い者から合格する。

▼学生1と2と4は学校Cに出願して、学生1の入学が確定して学生2と4は拒否さ

れる。学校Cの定員はこれで埋まる。
▼学生3と5は学校Dに出願して、学生3の入学が確定して学生5は拒否される。学校Dの定員はこれで埋まる。
▼学生6は学校Aに出願して、その入学が確定する。学校Aの優先順位にとって学生6は最下位だが、今回のステップでは他に出願者がいなかったので、学生6にとってはラッキーだったといえる。学校Aは残りの定員が一名に減る。

学校	確定者
A	6
B	
C	1
D	3

○第二ステップ
残る学生たち全員が第二位の学校に出願して優先順位の高い者から合格する。ここで残っているのは学生2、4、5。
▼学生2は第二位の学校Dに出願するが、既にこの学校の定員は第一ステップで埋まっているので拒否される。既に定員が埋まっていてもそこに出願させられるというの

はボストン方式のひとつの難点。

　本章の冒頭で述べたAB日程方式とボストン方式は「早い者勝ち」的なところが似ている。しかしAB日程方式のもとでは、B日程で学生は、A日程で既に定員が埋まったところへの出願は避けられるので、その点が異なる（ボストン方式のほうが柔軟性に欠ける）。

▼学生4は第二位の学校Aに出願して、その入学が確定する。学校Aの定員はこれで埋まる。

▼学生5は第二位の学校Cに出願するが、既にこの学校の定員は第一ステップで埋まっているので拒否される。

学校	確定者
A	4, 6
B	
C	1
D	3

○第三ステップ
　残る学生たち全員が第三位の学校に出願して優先順位の高い者から合格する。ここ

で残っているのは学生2と5。

▼学生2と5が学校Aに出願するが、既にこの学校の定員は第二ステップで埋まっているので拒否される。

学校	確定者
A	4, 6
B	
C	1
D	3

○第四ステップ

残る学生たち全員が第四位の学校に出願して優先順位の高い者から合格する。ここで残っているのは学生2と5。

▼学生2と5が学校Bに出願して、両者とも入学が確定する。

以上でボストン方式のプロセスが終了して、学生と学校のマッチングが定まる。

学校	確定者
A	4, 6
B	2, 5
C	1
D	3

ボストン方式の最大の難点は、人気校に出願することがきわめてハイリスクな点です。いまの例だと学生2と5がその被害を強く受けていました。

ボストン市当局もその点を懸念しており、学生には人気校に出願することへの注意を喚起していたくらいです。

しかし、皆が人気校に出願を避けた結果として、そこに出願が来ないこともありえます。そして皆がその淡い可能性に期待を寄せた結果として、やはり人気校に出願が殺到することはないのでしょうか。

どの学校に行くかで人生は大きく変わりうるので、それがあまりに運任せで決まるのは理不尽なことです。人生に理不尽がつきものだとしても、それが減らせたらよいのではないか。そこでボストン方式の代替案として考えられるのが受入保留方式です。

同じ例で受入保留方式を用いてみましょう。

学生名＼学校への順位	1位	2位	3位	4位
1	C	A	D	B
2	C	D	A	B
3	D	A	B	C
4	C	A	D	B
5	D	C	A	B
6	A	B	D	C

学生の選好

学校名＼学生への順位	1位	2位	3位	4位	5位	6位
A	1	2	3	4	5	6
B	3	4	1	2	5	6
C	5	1	2	3	4	6
D	6	1	2	3	4	5

学校の優先順位

○第一ステップ

▼学生1と2と4は学校Cに出願して、学生1が仮受諾され、学生2と4は拒否される。

▼学生3と5は学校Dに出願して、学生3の入学が仮受諾され、学生5は拒否される。

▼学生6は学校Aに出願して、仮受諾される。

学校	仮受諾者
A	6
B	
C	1
D	3

○第二ステップ

▼学生2は学校Dに出願して、学校Dは学生2を仮受諾して学生3を拒否する。

▼学生4は学校Aに出願して、学校Aは（まだ定員に空きがあるので）学生4を仮受諾する。

▼学生5は学校Cに出願して、学校Cは学生5を仮受諾して学生1を拒否する。

学校	仮受諾者
A	4, 6
B	
C	5
D	2

○第三ステップ

▼学生1と3は学校Aに出願して、学校Aは学生1と3を仮受諾して学生4と6を拒否する。

学校	仮受諾者
A	1, 3
B	
C	5
D	2

○**第四ステップ**

▼学生4は学校Dに出願して、学校Dは学生2を仮受諾したまま学生4を拒否する。

▼学生6は学校Bに出願して仮受諾される。

学校	仮受諾者
A	1, 3
B	6
C	5
D	2

○**第五ステップ**

▼学生4は学校Bに出願して仮受諾される。

	仮受諾者
学校 A	1, 3
学校 B	4, 6
学校 C	5
学校 D	2

新たな出願者がいなくなったので、受入保留方式のプロセスが終了してマッチングが確定。

ここで受入保留方式の良さを再確認しておきましょう。まず受入保留方式のもとでは、学生は正直に行きたい通りに選好を申告することが最適になっています。つまり耐戦略性が成り立つわけです。この成立は、運任せのゲームを生み出すボストン方式への不満を全面的に解消するものです。

なお、学校による学生への優先順位は地域の規則などで決まっており、こちらは戦略的に操作できる対象ではありません。よって学校選択マッチングで耐戦略性を考えるときには、学生がどの学校を好むかについての申告のみを考慮すれば十分です。

そして受入保留方式は安定マッチングを実現します。学校選択マッチングにおいて安定性は「俺の行きたかったあの学校に、俺より優先順位の低い奴が入っている」という、羨望が発生しないことを意味します。よって学校選択マッチングの文脈で安定性は、こうした羨望が無いという公平性の条件として理解されます。

またこの性質は、自分の学区の学校より嫌な学校には割り当てられないことも含んでいます。これは第一章で述べた個人合理性の条件に該当します。

こうした性能の良さから、ボストン市は2005年にボストン方式から受入保留方式への制度移行を決定しました。次いでニューヨーク市も2008年から同様の制度移行を決めています。

ただし学校マッチングでの受入保留方式は、研修医マッチングで使用したときほど「これが唯一の正解」なわけではありません。いまの例で、受入保留方式により得られたマッチングを、学生の選好のリスト上で○を打ってみましょう。

学校の順序／学生名	1位	2位	3位	4位
1	C	Ⓐ	D	B
2	C	Ⓓ	A	B
3	D	Ⓐ	B	C
4	C	A	D	Ⓑ
5	D	Ⓒ	A	B
6	A	Ⓑ	D	C

この結果をよく見てみると、学生2と5は、それぞれ行く学校（CとD）を交換したら、両名とも、より望ましい学校に行けることが分かります。そして、もしその交換を行ったならばマッチングは次のように変化します（学生2と5の交換後が△）。

学校の順序／学生名	1位	2位	3位	4位
1	C	Ⓐ	D	B
2	△C	Ⓓ	A	B
3	D	Ⓐ	B	C
4	C	A	D	Ⓑ
5	△D	Ⓒ	A	B
6	A	Ⓑ	D	C

しかしこのマッチングは安定的でありません。学生4に「学校Bよりも学校Dのほうがいいな、しかも学校Dには自分より優先順位の低い学生5が入っているな」という羨望が発生しています。受入保留方式から更なる交換をすると、安定性が崩れるわけです。

こうした交換を認めるかどうかは考えものです。当然、安定性を維持するためには交換を認めるべきではありません。一方で、あくまで学生側のパレート改善を追求するならば、認めるべきだということになります。

もしこれが研修医マッチングだと、単に研修医（学生）側の選好だけを考えてパレート改善を目指すというのは、病院（学校）側の選好を無視することなので不適切です。しかし公立学校は選好を持っているわけではありません（あくまで優先順位）。そのため学生側のパレート改善は考慮に値する事柄です。

受入保留方式を用いた後で更なる交換を認めるのであれば、安定性という目的を少なくとも部分的には放棄することになります。

であればいっそ全面的に、安定性よりパレート改善の追求、すなわちパレート効率性を目指すという発想もあり得ます。

そこで第一章で論じたＴＴＣアルゴリズムを、学校マッチングで活用することを考えてみましょう。

ＴＴＣアルゴリズムで学生と学校を組み合わせる方式のことをＴＴＣ方式と呼びます。

ＴＴＣ方式は初期保有を定めたうえで使うものなので、研修医マッチングのように各研修医が「最初の持ち分の病院」を持っていない場合には利用できませんでした。

しかし学区の概念が意味を持つ学校選択マッチングにおいては、各学生がその学区の入学権を最初に持つものとして話を進めることができます。そしてＴＴＣ方式は耐戦略性を満たし、財（ここでは入学権）の配分においてパレート効率性を実現します。またＴＴＣ方式は受入保留方式と同様に、自分の学区の学校より嫌な学校には割り当てられないという個人合理性の条件をも満たします。

こう考えるとＴＴＣ方式もなかなか魅力的です。

そこで具体的にＴＴＣ方式を用いて、その働きと得られる結果を確認していきましょう。最初の状態では、各学生は自分の学区の学校に属しています。マッチングが未確定であることを明記するために、ここでは学生を□で囲んでおきます。

学校	学生
A	[1], [2]
B	[3], [4]
C	[5]
D	[6]

初期状態

学校への順位＼学生名	1位	2位	3位	4位
1	C	A	D	B
2	C	D	A	B
3	D	A	B	C
4	C	A	D	B
5	D	C	A	B
6	A	B	D	C

学生の選好

学生への順位＼学校名	1位	2位	3位	4位	5位	6位
A	1	2	3	4	5	6
B	3	4	1	2	5	6
C	5	1	2	3	4	6
D	6	1	2	3	4	5

学校の優先順位

○第一ステップ

各学生は一番行きたい学校に指差しを、各学校は優先順位が一位の学生に指差しをする。それらを整理すると次のようになっている。

1→C→5→D→6→A→1

2→C

3→D
4→C
サイクルは1から始まり1に終わるもののみ。このサイクルに従い、学生1は学校C、学生5は学校D、学生6は学校Aへの入学権を得ることが確定する。

学校	学生
A	②, 6
B	③, ④
C	1
D	5

○第二ステップ

残っている学生は、定員に空きがある学校の中で一番行きたいところを指差す。定員に空きがある学校は、いま残っている学生の中で優先順位が一番高い者を指差す。それらを整理すると次のようになっている。

2→A→2
3→A
4→A

ここでサイクルに従い、学生2が学校Aへの入学権を得ることが確定する。

学校	学生
A	2, 6
B	3, 4
C	1
D	5

○第三ステップ

これ以降のステップも指差しで決めていくが、学生3と4の二名と学校Bの二名分の空き定員が残っているので、学生3と4がともに学校Bへの入学権を得る。これでプロセスは終了。

学校	学生
A	2, 6
B	3, 4
C	1
D	5

ボストン、受入保留、TTCと三つの方式についてこれまで論じてきました。それらが

学校	ボストン	受入保留	TTC
A	4, 6	1, 3	2, 6
B	2, 5	4, 6	3, 4
C	1	5	1
D	3	2	5

導くマッチングを次の表でまとめておきましょう。どの方式を採用するかで結果が大きく変わっています。

では、ボストン方式の代替案として、受入保留方式とTTC方式のどちらを選べばよいのでしょうか。いずれも耐戦略性を満たしている点は同じです。安定性を選ぶなら受入保留方式、効率性を選ぶならTTC方式ということになるのでしょうか。

ただし、細かい話なのですが、安定性は「学校の優先順位を選好と見立てたうえでのパレート効率性」という、パレート効率性に近い条件を含むことが知られています。つまり受入保留方式を使うからといって、パレート効率性と強く対立するわけではありません。

そしてまた、両方式は互いにパレート改善の関係にありません。選好のリストに、受入保留方式のマッチングを○で、TTC方式のマッチングを△で囲んで、それらを比較してみましょう。

学校への順位／学生名	1位	2位	3位	4位
1	△C	Ⓐ	D	B
2	C	Ⓓ	△A	B
3	D	Ⓐ	△B	C
4	C	A	D	△Ⓑ
5	△D	Ⓒ	A	B
6	△A	Ⓑ	D	C

表を見ると分かるように、受入保留方式のほうが好ましい学生（2と3）も、TTC方式のほうが好ましい学生（1と5と6）も、どちらでも変わらない学生（4）も存在します。そのため受入保留方式とTTC方式を、パレート改善を根拠にどちらか選ぶことはできません。

また、安定性とパレート効率性以外の基準で比べるというのもアリです。

例えば小島武仁氏らは「学生からの人気が上がった学校は、より優先順位の高い学生を得る」という基準について考察しています。その研究によれば、学生や学校の数が十分多いときに、受入保留方式はこの性質をほぼ完全に満たすものの、TTC方式やボストン方式は満たさないとのことです。

ボストン市がボストン方式をやめ受入保留方式の採用を決めた際には、TTC方式も候補に挙がっていました。しかしTTC方式を用いるときに特有の「初期保有分を交換」のアイデアが学校選択の文脈に馴染まない、というのが採択されない理由のひとつになりました。

例えば兄がその学校に行っているから高い優先順位を持っているとして、その「兄がいる権」を誰かに譲渡するのが不自然だということです。おそらくこの感覚は日本でも共有されるものでしょう。

†日本で導入するならば

日本の学校選択制は1997年1月に出された文部省の通知「通学区域制度の弾力的運用について」により認められることになりました。この通知は、通学距離の短縮や、いじめへの対応、また特色ある学校づくりなどを目指したものだとあります。少なくとも表面的には、学校間で競争させるということは明記されていません。

ただし「特色ある」のところに競争推進の狙いが読み取れないわけではありません。また、人々が似た好みを持つならば（学校の場合は十分あり得る）、似た学校ができるばかりなので特色は出にくくなります。そもそも公立学校でどこまで特色を出せるのか、風評に大きく影響されるのではないかとの懸念は根強くあります。

さらには大阪市の橋下徹市長のように、学校間競争を促すために学校選択制を導入しようと明言する政治家もいますし、またそれへの反論もあります。

つまり制度自体には多様な賛否があります。

マーケットデザインの立場から日本の学校選択制に対して言えるのは、もし学校選択制を採用するのならば、マッチングはきちんとやったほうが良いということです。政策研究大学院大学助教授の安田洋祐氏の調査によれば、東京二十三区の「典型的な学校選択制の手続き」の大枠は次のようなものです。

・行きたい学校を一校だけ志願する。
・志願者が多い場合は抽選が行われる。抽選に漏れた志願者は補欠登録される。
・抽選に当たったが私立を受験し受かった学生は辞退する。そして補欠が繰り上がる。

この仕組みの最大の問題点は「一校だけ」しか出願できないところです。これだと倍率の高そうな学校に志願することがリスキーになってしまいます。当然ながら耐戦略性は満たしません。

学校選択制をきちんと実施するのであれば、複数校の出願とともに、受入保留方式やTTC方式など性能の良いものを使うべきでしょう。

不出来なマッチング方式は、それ自体が手続きへの不満を生み出すとともに、貧弱なマッチの結果が参加者のフラストレーションを高めてしまいます。学校選択制はそれ自体が賛否の対象であり、行う以上は、優れたデザインで行うことが特に求められます。それはまた学校行政への信頼を高めるうえでも大切なことでしょう。

* * *

受入保留方式は安定マッチングを導きます。そしてまたこの方式のもとで、プロポーズする側にとっては正しく選好を表明することが、常に得策になるのでした。マッチング理論においてこの方式はTTC方式と並ぶ、最も重要な組み合わせの決め方です。

これまで扱った問題では、直接的な金銭移転を通じて組み合わせを決めることは考えていませんでした。例えば研修医マッチングで「これだけ払ってくれたら行く」のような個別の金銭交渉や、学校選択マッチングで入学権を売買するようなことは考えませんでした。その方が現実の状況に馴染むからです。

いわゆる市場はその逆で、金銭の支払いを通じて、人と物とが組み合わさることになります。次章ではそのような、人がお金を支払って物を買う市場における、ルールの設計問題を考えていきます。受入保留方式のように良い結果を導き、しかも正直が最善の策であるような優れたルールは存在するのでしょうか。

第三章

競り落としの工夫

——オークション理論と経済価値の発見

私は学生のころ、着なくなった服がたまると、友人たちと週末にフリーマーケットで売っていました。新宿の公園や渋谷のビルの屋上といった会場に参加費を払ってスペースをもらい、レジャーシートを広げて服を並べ、お客さんに販売するのです。

黒の油性マジックでガムテープに値段を書き、それを服に貼って値札にするのですが、当然ないくらにするかはいつも悩みどころでした。できるだけ高く売りたいわけですが、当然ながら高くすると売れません。打ち上げの費用と参加費ぐらいは出ないと困りますし、売れ残りを持ち帰るのも面倒です。

しかし古いジーンズや希少なスニーカーなど、物によっては高く価値を認めてくれる人が現れることもあるので、あまり安値を付けるわけにもいきません。結局、「これぐらいで売れてほしいなあ」という感じで適当に価格設定をして、交渉に応じ値引いて売っていました。

フリーマーケットと見た目は異なりますが、画廊はそれと似たところがあります。値札の付いた絵がギャラリーに展示されているわけですが、その値段の理由はなかなか推し量れないものがあります。特に新進の作家など相場が定まっていない場合、それが高いのか安いのかよく分かりません。

おそらく画廊だって、確固たる自信をもって値段を付けているのではないはずです。「完売御礼」のときだって、もっと高い値段を付けていればよかったのかもしれません。

相場が定まっていない物に値段を付けるというのはとても難しいことなのです。

ところがオークションで物を売るならば、自分で値段を決める必要はありません。人々が入札をしてくれ、それにより値段が定まるからです。決めるのではなく、定まるというのがポイントです。うまく行けば一番高く価値を認めてくれる人が、高値を払ってくれるかもしれません。

近年では政府や行政機関がオークションを主催して、余剰になった物や特定の営業権を販売したり、公共事業を発注したり、といったことが行われています。中でも特に、通信事業の免許を販売する周波数オークションは多くの国で何兆円単位の収益を上げてきました（日本では未導入）。

現在、経済学でオークションの研究は非常に活発なのですが、その大きなきっかけがこの周波数オークションの成功でした。それをひとつの事例としてオークションというものの本質に迫っていきましょう。

†周波数とオークション

私たちの身の回りにはインターネットや携帯電話やテレビなど、電波を使って情報の伝達を行う機器がたくさんあります。そしてそれぞれの電波は周波数というものを伴っています。

電波の混線を避けるためには周波数を帯域や地域で区分して、皆で使い分ける必要があります。ですから通信業者は必要な免許を得たうえでサービスを行わなければなりません。その免許を周波数免許といいます。

周波数免許はよく土地にたとえられます。土地が無ければビルを建てられないように、周波数免許が無ければ通信事業は行えない。土地が限られた面積しか持たないように、周波数免許も用途に応じ限られている。

そして通信機器が生活に欠かせないものとなってきている今日において、周波数免許の持つ経済的価値は莫大です。

この周波数免許ですが、現在、日本を除くほぼ全てのOECD諸国では政府主催のオークションで売買されています。

数ある周波数オークションの中で特に有名なのはアメリカで1994年から行われたもので、2012年4月までに780億ドルの販売収益をあげました。これは華々しい成功例として注目を集め、その後、多くの国へ周波数オークションを動機付けることになります。

しかし一口にオークションと言っても、どう売買の方式を策定するかで結果は大きく変わってきます。例えば机と椅子をオークションするだけでも、それらを別個に売るのか一組にしてセットで売るのか、簡単に答えは出せません。

周波数免許の場合は帯域や地域により様々な種類があります。よってその組み合わせ方は無数にあり、売り方の複雑さは机と椅子どころではありません。

アメリカでの周波数オークションには、スタンフォード大学教授のポール・ミルグロムらオークションの理論家がその売買方式の策定に尽力しました。彼らは普段、数式だらけの論文を書いている人たちです。

紙と鉛筆から生まれた学問が780億ドルの収益を導いたといえるでしょう。

そこで根本的な問いなのですが、いったいオークションとは何なのでしょう。それを行うならばどう行えばよいのでしょう。なぜ周波数はオークションで売買したほうがよいのでしょうか。

いくつかの基本的な事柄から述べておきましょう。まずオークションは市場の一形態です。ただしいわゆる普通の買い物ではありません。参加者が一堂に会したうえで、共通のルールに則り、一定の時間内で終わらせるという点が特徴です。

インターネットオークションの普及によりオークションは身近なものになってきました。しかし依然、多くの人が日常的に使うものではありません。例えば外食のときオークションでランチの値段を決めることはありません。この本だって、本屋のレジの前でオークションして買った人は（おそらく）いないはずです。定価が決まっているからです。

定価の付け方による競争というものはあります。それはオークションに似ているかもしれませんが、オークションそのものではありません。事前に価格が決まっていないことがオークションの特徴なのです。

そして当たり前のことですが、オークションは戦時中のような配給や、裁量行政による割り当てでもありません。あくまでそれは競争的な売買をシステマチックに進めるルールの一種です。

また競争的な売買とは、くじ引きで当たった人がもらうということでもありません。競争に偶然が関与することはあってもそれは部分的なものです。むしろフェアな競争のルールとは、偶然の要素をできるだけ排除するようなものでしょう。

では、なぜくじ引きによる決定や、配給や裁量行政ではだめなのでしょう。市場といってもオークションという形態を取る必要性はどこにあるのでしょうか。

そこでまず最も単純なケースである、ひとつの財を販売するオークションから考えていくことにしましょう。周波数オークションは最も複雑なケースに当たるもので、それはまた後で考察することにします。

†ひとつの財を売ってみよう

これから政府が何かひとつの財、例えばある事業を行う免許をオークションで販売する状況を考えていきましょう。政府がオークションを行う**売り手**です。政府は収益をあげることと公共の利益を高めることに、ともに関心があります。

オークションの参加者を**買い手**と呼ぶことにします。そして個々の買い手が財に対して「最大でこの金額まで払ってよい」と思う金額のことを**評価値**といいます。例えば評価値が10万円の買い手は、その財を買うのにギリギリ払ってよい金額が10万円です。

評価値は一般には私的な情報です。つまりある買い手の評価値を、別の買い手や、売り手は分かりません。

事業の免許であれば買い手は事業者なので、ライバル企業の持つ評価値に対して多少は推測がつくかもしれません。それでも正確なことは分からないのが通常です。

売り手である政府にとってはなおさらです。そもそも政府はその免許を使って事業を行う主体でなく、情報には一層乏しいからです。

実際のところ、もし売り手が、買い手の評価値を全て正確に把握していれば、オークションを行う必要はありません。売り手は一番高い評価値を持つ買い手を訪ねて、その金額（かそれよりやや低い金額）を提案して売買を成立させればいいからです。

ここで一番高い評価値を持つ買い手に売るというのは大切なことです。事業免許でいうと、それを社会で最も有効活用して利益を上げられる企業が、一番高い評価値を持つと考えられるからです。また一番高い評価値を持つということは、他のどの買い手よりも高い値段で買ってくれることを意味します。

一番高い評価値を持つ買い手に財を売るような取引を効率的であるといいます。

オークションと対照的に、売り手と買い手が一対一で直接会って取引することを相対《あいたい》取引といいます。しかし売り手が買い手の評価値を把握していることは現実的にはまずありません。両者の間には圧倒的な情報の非対称性が存在しています。

だから相対取引によって効率的な取引を行うことは困難です。相対取引で一番高い評価値を持つ買い手に巡り合うためには、ひとりずつ買い手を訪ねるなり調べるなりする必要があります。調査にはコストがかかるし、それで得た情報の信頼性も乏しいものでしょう。そもそも誰が潜在的な買い手かから考えねばなりません。

こうして相対取引と比較してみると、オークションという仕組みがよくできていることが分かります。財に興味のある買い手に集まってもらって、そこで「いくらまで払う」と情報を開示してもらうからです。

相対取引もオークションも、いわゆる市場的な取引の一種です。「市場」と聞くと、ひとつの市場の仕組みだけが存在する印象を持ってしまいがちです。しかし市場にも出来の良いものとそうでないものがある。ですから例えば「自由市場化」というときには、どのような市場を用いていくのかが同時に議論されなければなりません。

†公開型と封印型

まずは基本的な事柄から押さえていきましょう。

オークションには大別して**公開型**と**封印型**があり、それぞれにいくつか方式があります。公開型の代表例は**競り上げ式オークション**です。これは最低落札価格（例えばゼロ円）から価格を上げていき、買い手は「それ以上は払いたくない」という所で競りから降り、最後の一人が残った時点で終了するやり方です。

また逆に、とても高い金額から始めて、誰か買い手が「そこで買う」と言うまで価格を下げていく、**競り下げ式オークション**というものもあります。

競り上げ式オークションはインターネットオークションや美術品オークションなど、様々な場面で使われています。それと比べると競り下げ式はマイナーですが、大田花市場で用いられています。

一方、封印型とは、買い手が入札額を書いた紙を封筒に入れて、主催者に提出するようなやり方です。いったん提出したら途中で金額の変更はできません。オークションの主催者は封筒を開けて、一番高い金額を書いた買い手を勝者とします。

ひとつ注意を述べておきますが、公共事業の入札など、サービスの発注でオークションを用いるときには、一番「安い」金額を書いた者が勝者になります。入札者は財を買うのではなく、サービスを売るので、高いと安いが逆になるわけです。しかしこれは「マイナスの値」を書いていると理解すればよいのです。例えば、100万円で仕事を請け負う業者と、120万円で仕事を請け負う業者がいたら、マイナス100万のほうがマイナス120万より高い値なので、100万円を付けたほうが勝者になるというわけです。

封印型には主に二つ、支払い額の決め方があります。

よく知られているのは第一価格オークションという方式です。この方式では勝者は自分の入札額、つまり一番高い入札額を支払います。公共事業の入札はこの方式でなされることがほとんどです（一番安い入札、つまり一番大きなマイナスの値を付けた業者が勝者）。

そしてまた第二価格オークションという方式もあります。これは勝者が、入札額の中で二番目に高い金額を支払う方式です。勝者は一番高い金額を入札しているわけですが、その金額ではなく、その次に高い金額を支払うというのがポイントです。

例えば二人の参加者がいて、一方が10万円、もう一方が5万円の入札の場合、10万円を入札した人が勝者となり5万円を支払います。

オークションには公開型と封印型があり、それぞれにも複数の方式があるわけです。いったいどの方式がどのような意味で優れているのでしょうか。

†正直は最善の策（みたび）

第一価格オークションは方式としてはとても単純です。それぞれの買い手は入札を行い、一番高い金額の人が勝者となって、その金額を支払うだけです。

しかしこの方式のもとでの買い手の意思決定問題はかなり複雑です。そもそも買い手としては、勝者になるとしても支払い額はできるだけ安く済ませたいわけです。しかし別の参加者もいるので彼らより安い入札をしたら負けてしまう。また、払ってもよいと考える上限、つまり評価値を超す入札はしたくありません。

つまり一人ひとりの参加者は、評価値を超えない範囲で、他の参加者よりわずかにだけ高い入札を行いたいわけです。そして他の参加者がどのような入札をするか事前には分かりません。全ての参加者がそうした状況に直面しています。

ですから皆の予想が不確実である以上、蓋を開けてみると、そんなはずじゃなかったということが往々にして起こります。

例えば、自分は10万円まで払うつもりがあったが、他の連中は5万円程度しか入札しないと予想し6万円の入札をしたが、結果を見てみると7万円の入札をした奴がいて、自分

図6　第一価格オークションの例

は負けてしまった。当人としてはがっかりです（図6）。

しかしこの結果は当人にとって残念なだけではありません。全体としても望ましくないのです。まず売る側としては、本来はもっと高値で売れるはずだったのに、それが実現しませんでした。収益性が悪いわけです。

また、財に高い評価を持つ人が勝てなかったということは、オークション後にその人が、勝者から（例えば8万円で）財を買い取る可能性があることを意味します。こうした転売自体は悪いことではありません。しかし転売の余地を残すオークション方式は、それ自体で効率的な資源配分を実現することに失敗しています。

さらに、転売者の利益は、本来はオークションの主催者が手に入れることができたはずのものです。そして一般に、転売そのものも、市場が未整備ならばうまくいきません。もし転売市場で再度オークションを行うのならば、そこでもやはりオークションの方式を検討する必要があります。

第一価格オークションのもとでは結果が相互の予想に強く依存してしまう。これは運任せになりやすいことを意味しており公正なルールとは言い難いものです。

では第二価格オークションならどうでしょう。この方式のもとでは、評価値である10万円を申告していれば、相手が5万円の入札なら5万円の支払いで勝者になるし、相手が7万円の入札なら7万円の支払いで勝者になります。支払い額が10万円を超えることもありません。

人間の戦略的行動を数理的に分析するゲーム理論では、相手がどのような行動を取ろうとも、自分にとって常に最適な行動のことを**支配戦略**といいます。

第二価格オークションのもとでは、各参加者は、自分の評価値をそのまま正直に入札するのが支配戦略になっています。なぜなら評価値より低く入札したところで、負ける可能性が増すばかりで、勝ったときの支払い額を減らすことはできないからです。また評価値より高く入札することで本来負けるはずのところを勝者になっても、そのときの支払い額は評価値より高くなり、損をしてしまいます。

このことを、第二価格オークションは**耐戦略性**を満たすといいます。

繰り返しになりますが、第二価格オークションのもとで各買い手は、単純に自らの評価値を入札すればよいわけです。その行動が、相手がどのような入札をしてきても、必ず最適な行動になっています。相手の行動を予想する必要はありません。自分の評価値がいくらかを考える以外には、意思決定のコストはゼロです。第一価格オークションと異なりギャンブル的ではありません。

ということは、皆が評価値をそのまま提出してくれ、結果として一番高い評価値を持つ買い手が勝者になります。つまり効率的な資源配分が実現するわけです。

ギャンブル的でないので場が荒れにくいとも考えられます。長期的にオークションを運営する事業者にとっては収益の安定化も期待できます。

インターネットの無料検索サイトでは、検索した単語に応じて事業者のリンク付き広告がよく出てきます。これは検索サイトの運営者が事業者に対して、単語ごとにオークションで広告枠を販売していることが多いのです。例えば「旅行」と検索すると旅行会社の広告がページの上部に出てきますが、これはその旅行会社が「旅行」という単語に対応する広告枠を買ったからです。そうしたオークションでは価格設定に第二価格のようなアイデアを組み込むことで、収益の安定化を図っていることがあります。

多くの人にとっては第一価格オークションのほうが、第二価格オークションより、支払い額の決め方が直感に馴染むものでしょう。しかし直感に馴染むことは、優れたオークションの方式であることを必ずしも意味しません。実は第二価格オークションのほうが第一価格オークションよりも耐戦略性の面から優れているのです。

さて、封印型と公開型では仕組みが一見大きく異なります。これらの間に何らかの対応関係はあるのでしょうか。

公開型である競り上げ式オークションを考えてみましょう。例えば二人の参加者AとBがいて、Aの評価値が10万円、Bの評価値が5万円だとします。

競り上げ式のもとでは買い手が最後の一人になるまで金額が上がっていきます。今の例だと、5万円の手前まではAもBも買う気がありますが、5万円になった瞬間にBは競りから降ります。そしてAが勝ち残りオークションは終了です。

つまり結果は、一番高い評価値を持つAが、二番目に高い評価値である5万円を支払うというわけです。意外なことに、この結果は第二価格オークションと同じです。

第二価格オークションは封印型で、やや直感に馴染まないものです。一方で競り上げ式オークションは公開型で、広く使われているものです。これら両者が実質的に等しいというわけです。

同様に競り下げ式オークションを考えてみましょう。このときは十分に高い金額、例えば20万円から競り下げていって、AとBのどちらかが「そこで買う」と言うまで続きます。この状況は第一価格オークションと似ていませんか。

実際、競り下げ式は分類上では公開型と呼ばれていますが、オークションの途中で分かるのは「まだオークションが終わっていない＝まだ誰も買うとは言っていない」ということだけです。何かの情報が公開されるわけではありません。買い手にとっては、他者の行動を予想しつつ、いつ購入の意思を示すかという不確実性下の意思決定だけが問題になります。

AもBも評価値の範囲内でできるだけ安い金額で勝者になりたいと思っています。だから競り下げ式オークションのもとでは、自分の評価値よりも価格が下がってから、しかも相手が「そこで買う」と言うであろう一瞬前に、「そこで買う」と言いたいわけです。これは第一価格オークションのもとで、自分の評価値以下で、相手よりわずかにだけ高い金額を入札しようとすることと実質的に同じです。

つまり競り下げ式オークションと第一価格オークションは表面的にはずいぶん異なるものの、買い手が直面する状況は両者で等しく、それゆえオークションの結果も同じになるわけです。

以上のことをまとめて、競り上げ式オークションと第二価格オークションが、競り下げ式オークションと第一価格オークションが、それぞれ**戦略的同値**であるといいます。

†どっちが高値で売れるのか

第二価格オークションを用いる際、売り手は、価格が「第二価格」なので低い収益しかあげられないのではと懸念するかもしれません。

そこで売り手にとって第一価格と第二価格ではどちらが得なのかという問題を考えてみましょう。

まず注意しておくべき点ですが、どちらの方式を使うかを決めるのは、あくまでオークションを開始する前の段階です。どのような買い手が来るかはまだ分かりません。そして、どちらかひとつの方式しか使えない以上、オークション終了後に「別のほうを使えばよかった」と後悔するのでは手遅れです。

つまり損得の算定はオークションを開く前に行う必要があります。売り手は、買い手の評価値について確率的に予想をして、そのもとでどちらが得かを判定するわけです。

まず第二価格オークションから考えてみましょう。この方式のもとでは皆が正直に評価値を入札するものと考えられます。ということは買い手が予想する収益とは、二番目に高い評価値の予想値にほかなりません。

例えば二番目に高い評価値が50パーセントの確率で2万円、もう50パーセントの確率で1万円と予想するとしましょう。このとき金額を確率で加重平均した値は1万5000円になります。この値を**期待収益**といい、その金額が第二価格オークションのもとで得られる収益の予想額になります。

一方で第一価格オークションのもとで買い手は戦略的に行動するはずです。そこでいま次のように考えてみましょう。

まず各買い手は、他者の入札行動が分かりません。しかし確率的に他者の入札行動を予想して、自分の利得の予想額が最大化するよう入札します。そしてすべての買い手がそのように振る舞います（詳細は省きますが、ゲーム理論の**ベイジアンナッシュ均衡**という概念で、その振る舞いを分析します）。そうした振る舞いの中での一番高い入札額、つまり第一価格が売り手の収益になります。

こうして第一価格オークションのもとで期待収益を計算すると、実はその金額は第二価格オークションでの期待収益と一致します。これは1961年にウィリアム・ヴィックリーがジャーナル・オブ・ファイナンス誌に掲載した論文で示したもので、**収益同値定理**といいます。

ヴィックリーの論文は実に革新的で、オークション理論という新領域の幕開けとなるものでした。彼はその貢献により1996年にノーベル経済学賞を与えられています。

収益同値定理のメッセージは明瞭です。売り手として、第一価格と第二価格のどちらを用いるかの選択において期待収益を気にする必要はありません。それらの金額は等しいからです。であれば他の条件をもとに選択すればよいわけです。例えば、耐戦略性を満たすから第二価格オークションを選択しようというのはひとつの判断です。こうするとオークションからギャンブル性が減って効率的な配分が実現し、売り手は常に「第二価格」を受け取ることになります。

さて、この「第二価格」ですが、価格として決して安いわけではありません。なぜならこの金額は「敗者の中で一番高い評価値」となっており、どの敗者も「それより高く払うから売ってくれ」と思わない程度には十分高いからです。

いわば第二価格オークションの結果のもとで、敗者は勝者に対して「自分はそこまで高い金額を払って買うつもりはない」と感じるわけです。この意味で勝者への羨望が発生しない、ある種の公平性が成り立つともいえます。また、耐戦略性を満たすオークション方式のうち、この公平性条件を満たすものは第二価格オークションしかありません。これは私が示した結果なのですが、収益同値定理とはまた異なる、収益の観点から第二価格オークションを肯定するものです。

さて、ここでは詳細に触れませんが、収益同値定理が成り立つためにはいくつかの前提条件が満たされる必要があります。それらが現実で近似的にでも満たされると考えるならば、この定理の強力なメッセージが有効になります。

不確実性下の人間行動をいくらかでも捉え、さらにそのもとでの期待収益を計算するというのは困難極まりないことです。しかし収益同値定理はそれを行い明解な結論を与えている。それゆえこの定理はオークションの方式を選択する際の参照点として重宝されています。

ただし、ひとりの入札者がふたつ以上の財を得るようなオークションでは、収益同値定理は一般には成り立ちません。基本的にはこの定理は単一財オークションでのみ有効な結果です。

†最適オークションと買い手の人数

いまあなたはオークションの方式をどれにしようか迷っている、財の売り手だとしましょう。ただしあなたは、ひたすら期待収益を最大化したいと思っています。

では期待収益を最大化してくれるオークション方式は何なのでしょうか。この問題を考えたのがアメリカの経済学者ロジャー・マイヤーソン、ジョン・ライリーとウィリアム・サミュエルソンたちです。

これまで第二価格オークションが優れているといった話をしてきました。そこで売り手が期待収益を上げるべくこの方式に工夫を加えるならば、いったい何が可能でしょうか。

理屈としては、うまい具合に最低落札価格を設定することが考えられます。その価格は一番高い評価値より低く、二番目に高い評価値より高くあるよう（できれば一番高い評価値に近い金額）、入念に設定せねばなりません。これがうまくいくと、売り手としては第二価格よりも高い収益を得ることができます。

ただしこの工夫はリスキーではあります。売り手は、評価値の一番目も二番目も、オークションを行う前には知らないからです。あまり高い最低落札価格を設定したら、誰も買ってくれない可能性があります。また低い最低落札価格を設定した場合、その価格は簡単にクリアーされるので設定する意味がありません。

それでも最低落札価格の付け方によっては期待収益を上げられることが知られています。

もう少し言うと、第二価格オークションに、巧妙に計算した最低落札価格を設定することで、期待収益を最大化することが可能なのです。

そのように作られたオークション方式を**最適オークション**といいます。ただしこの「最適」はあくまで売り手の期待収益にとって最適という意味です。

第二価格オークションで第二価格を支払われるのが安くて嫌だから、第二価格を予想してそれより高い最低落札価格を設定しよう。しかしそのせいで誰も買ってくれないかもしれないし、そもそも行う意味が無いかもしれない。でも全体として期待収益は上がる。それが最適オークションの発想です。

ちょっと「最適」という言葉を使ってほしくないような、せこい発想のようにも思えます。ではこの最適オークションでどの程度、期待収益が上がるのでしょうか。実はそれほど多くありません。

最低落札価格を設定しないで第二価格オークションを用いるとしましょう。このとき買い手がひとり増えたならば、わずかに期待収益が上がります。ひとり増えた分、第二価格が上昇する確率が増えるからです。

実はこの「(第二価格オークションのもとで) ひとり新たな買い手が現れたときの期待収

益の増分」のほうが、「（第二価格オークションではなく）最適オークションを用いたときの期待収益の増分」以上に大きいのです。

そもそも最低落札価格を巧妙に設定するためには、買い手の評価値がどう確率的に分布しているかについて、十分な情報を持っていなければなりません。その情報があるとしても、最適な最低落札価格を計算して用いるよりは、オークションの参加者を新たにひとり増やす努力をした方がよいわけです。

この結果はジェレミー・ブロウとポール・クレンペラーが、1996年のアメリカン・エコノミック・レビュー誌に掲載した論文で示しています。

最適オークションは発想としては面白いのですが、「最適」というにはいささか大袈裟なのかもしれません。

ただしこのことは最低落札価格を設定すること自体を否定するものではありません。売り手が、ある金額以上でしか売りたくなければ、その金額を最低落札価格に設定するのは当然のことです。

最適オークションにおける最低落札価格は、単なる「これ以上でなければ売りたくない」という金額ではありません。それはあくまで期待収益を上げるべく確率的に計算して弾き出した値であり、そのメリットが少ないことを指摘しているだけです。

ただし買い手の人数が限られており、一番高い評価値をかなりの精度で予測できるのならば、それに近い最低落札価格を設定することは功を奏するかもしれません。もちろんその場合でも、最低落札価格を高く付けすぎてしまい収益がゼロになるリスクは抱えます。

†第二価格か競り上げ式か

これまで第二価格オークションを軸に話を進めてきましたが、この方式と、戦略的同値な競り上げ式オークションとではどちらが望ましいのでしょうか。

まずオークションにおいてよく問題になる、談合の面から比べてみましょう。

競り上げ式でオークションを進める過程では、買い手の間で誰がどう入札しているか、互いの行動が観察できます。そのため買い手が事前に談合の約束をしていたときに、その約束を裏切りにくいと考えられます。なぜなら裏切ったら、それが直ちに他の買い手にばれてしまい、彼らが本来の価格競争を始めてくるからです。談合を裏切っても出し抜けない。

次に、第二価格オークションの場合は封印型なので、談合からの裏切りが、結果の蓋を開けてみるまでばれません。その意味では談合が壊れやすい、談合しにくいわけです。ただしどのオークション方式を使っても、談合の可能性を全面的に排除することはできません。買い手たちが長期的な協力関係を保とうとする同業者である場合、彼らが固く共謀して低い入札をしたら、売り手の収益は上がりようがないからです。

ですから一番の対応策は、どの方式を用いるにせよ、多数の買い手を集め、新規参入者を広く迎えて競争を活発化させることです。その意味では談合への対策はオークション「方式」の外側の話です。例えば公正取引委員会や独占禁止法、入札談合等関与行為防止法などが、談合を排除すべく機能することが期待されます。

次に勝者の私的情報を守るという点から、第二価格オークションと競り上げ式オークションを比較してみましょう。事業免許でいうと、オークションの勝者となる事業者の評価値とは、その免許から得られると予想する金額を（少なくとも部分的には）表すものです。その金額は事業者にとって経営上、重要な情報なので、できれば公開したくありません。

これについて競り上げ式オークションだと、二番目に高い評価値を持つ買い手が降りた瞬間に勝者が確定してオークションが終了するので、勝者の評価値は秘密のままでいられます。

一方、第二価格オークションでは基本的には、勝者の入札額が公開されます。そして正直申告が最善の策である第二価格オークションのもとでは、その入札額とは評価値そのものであると考えられます。

オークションの主催者が勝者の評価値を公開しないで「この人が勝者です」と公表することは可能でしょう。でもそれだと敗者から「本当にそいつが勝者なのか？」「いくらの入札額を付けたのか？」と思われ不透明な印象を残すかもしれません。

これと似た話ですが、第二価格オークションを用いるうえでは、主催者は買い手から信用されている必要があります。例えばオークションで、ある買い手が1万円で入札して勝者になったが、主催者から「第二価格は9999円だったので払ってください」と言われたとしましょう。

このとき勝者が主催者を信頼していなければ、勝者は主催者が嘘をつき、本当の第二価格より高い金額を言っていると思うでしょう。そのようなズルをする主催者だと思われたらオークションを事業として継続することは難しくなります。

こう考えると競り上げ式オークションのほうが第二価格オークションよりも透明性が高

く、それゆえ主催者としては信頼を得やすいといえるでしょう。

厳密には、競り上げ式オークションのもとでも、主催者がズルをして自ら競り上げに加わり価格を上げることは可能です。しかしそのズルは自分が勝者になり収益がゼロになってしまうという、主催者としては最悪の可能性を伴うものです。そのため、そうしたズルが起こる可能性を、買い手はあまり心配する必要がありません。

そしてまた第二価格オークションは耐戦略性を満たすとはいえ、封印型であるゆえ「一発勝負」的な印象が強いものです。であれば第二価格オークションと実質的に等しく、また公開型である競り上げ式は優れていると言えるでしょう。

†中身が分からないもののオークション

これまでオークションにおいて各買い手は、財に対し独自の評価値を持っているものとして話を進めてきました。そうしたケースを**私的価値**といいます。

しかし財によっては「どの買い手にもその実際の価値が分からず、そして全ての買い手にとってその価値が等しい」ものがあります。こうしたケースを**共通価値**といいます。

共通価値の例として、中東のある特定の区域で、石油を採掘する権利を販売するオークションを考えてみましょう。ここで買い手とは総合商社やエネルギー関連企業などです。採掘権を得たところでどの程度の量の石油が出てくるかは不確実です。実際に採掘してみなければその量は分からず、またどの買い手が採掘しても同じです。

当然ながらオークションの勝者は、採掘権について売り手にお金を支払います。そしてそれに加え、採掘には莫大なお金がかかるので、石油があまり出てこなかったら大損することになります。

共通価値のケースでは次のようなことが起こりえます。

まず、どの買い手もその採掘権が実際にどれだけの石油を生み出してくれるのかは分かりません。しかしそれぞれの買い手は、独自の情報ルートやデータ分析により予想をして、入札額を定めます。

その金額が一番高い買い手が勝者となりますが、それは誰かというと、いわば一番楽観的な予想をしてしまった者なわけです。しかし楽観的な予想ほど石油は出ないかもしれません。であればオークションで勝っても期待したほどには利益が出ないか、場合によっては損をすることになります。

これを**勝者の災い**といいます。勝者の災いは、買い手たちの戦略的行動が十分に洗練されていたり、確度の高い情報を持っていたりする場合には起こりませんが、共通価値のオークションではしばしば観察されるものです（バブルはその例）。

他の例を挙げてみましょう。美術品は、自ら楽しむ鑑賞目的なら私的価値ですが、投機目的なら将来の転売額が問題なので共通価値です。私的価値と共通価値のあいだを**相互依存価値**と言います。美術品について言えば、鑑賞と投機の目的をともに持つならば相互依存価値を持ちます。

美術品が投機の対象となることは多く、オークションハウスではしばしば何億円単位の落札がなされることがあります。アートファンドという、美術品を投機目的で購入する専門業者も存在するくらいです。

2008年3月には大手オークションハウス・クリスティーズで、鎌倉時代の仏師、運慶の作と伝えられる仏像が約12億7000万円で落札されました。

同年5月にはサザビーズで、現代美術作家である村上隆氏の作品『マイ・ロンサム・カウボーイ』が約16億円で落札され、大きな話題になりました。さすがに16億円は主催者の予想額（約3―4億円）を大きく上回るものでした。

誰が競り落としたかは公開されておらず、何を目的として買ったのかは明らかになっていません。いくら美術史に残るような作品とはいえ、もしかするとその人は今後、転売が思うようにいかず、勝者の災いにあうのかもしれません。

しかし今のところ、そのオークションの結果を受け、村上隆氏の作品は全体的に値上がりする傾向にあるようです。

オークションには価格の参照点を与える、つまり「相場」を作る機能もあるからです。買い手が「自分にとっての評価はいくらか」だけでなく、「他人はどのような評価をしているのか」を気にかけるのは美術品に限らずよくあることですが、これは相互依存価値のケースに該当します。

ところで、相互依存価値のとき競り上げ式と第二価格オークションは、私的価値のときと異なり戦略的に同値ではありません。これは競り上げ式のもとでは、入札の過程で買い手の評価値がアップデートされていくからです。また競り上げ式のもとでは、各自の入札が他者に釣られて高くなり、売り手の期待収益が高くなる傾向にあることが知られています。

†国債をオークションで売る

日本を含む多くの国では、国債の一部をオークションで販売しています。国債とは「国の借金」のようなイメージを持つ人が多いでしょうが、買い手から見るとこれは「その国の政府から一定期間後に、その国の通貨で一定金額を受け取る権利」といえます。最も簡単な例として、ある個人が、1年後に1万円を受け取る国債を購入する例を考えてみましょう（実際にはそのような商品はありません）。

これは多少のリスクを伴う取引です。まず1年後に物価上昇が起こっていれば、その分「1万円」の価値は下がります。また1年後に円の国際的な価値が下がっていれば、やはり「1万円」は対外的には価値が下がります。極端な話、1年後に日本が滅びていればその国債は無価値になります。そもそも自分が1年後には生きていないかもしれません。

というわけで、その国債を買うために、いま1万円を払う気にはなれません。それより低い金額、例えば9000円なら買おうかとなります。もしこれが可能であれば

10000／9000＝1・1111……

なので、年利が11パーセント強の国債を9000円分買うということになります。

ただしこれはあくまで例で、先進国の国債で年利が11パーセントを超すことはまずありません。しかし国債や金利の考え方とはこのようなものです。

これまで扱ったオークションと国債オークションが大きく異なる点は、国債は1単位だけひと塊で売られるわけではなく、また買い手も1単位だけ買おうとするわけではないということです。

つまり国債を扱うためには複数個の財を取引するオークションを考えねばなりません。ただし売られるものの種類はただひとつ、国債です。いわば同じ種類のものをたくさん売買するわけです。こうしたオークションのことを**同質財オークション**といいます。今後、財の数をmで表すことにしましょう。

ただし同質財オークションであっても、1人の買い手が1単位だけしか必要としないのであれば、単一財オークションと同様に扱うことが可能です。例えばm個の財を売るときに、第二価格オークションのアイデアは、入札の上位m人が勝者となりm＋1番目に高い入札額を支払う**次点価格オークション**として拡張できます。この方式は耐戦略性など、第二価格オークションと同様の性質をいずれも満たします。

しかし国債オークションにおいて、買い手が1単位だけ購入すると想定することはできません。国債の買い手とは主に金融機関で、何万単位や何億単位の購入もあるからです。そしてそのとき次点価格オークションは耐戦略性を満たさないため別の、より洗練された工夫が必要になります。

†どうすれば耐戦略性を満たせるか

一個の財を売るときには第二価格オークションが耐戦略性を満たす優れた方式でした。では複数個の財を売る同質財オークションにおいてはどのようなオークション方式が耐戦略性を満たしてくれるのか。これについて本節で展開する議論の大筋を先に述べておきましょう。

- ビッド支払いオークションは耐戦略性を満たさない。ただしこれは定義から当然。
- 次点価格オークションも耐戦略性を満たさない。この方式は一見、満たしそうなので、もっと工夫がいることが分かる。
- 次点価格オークションに、いかにも耐戦略性を満たしそうな修正を加えても、まだ満たさない。更なる発想の切り替えが必要。
- ヴィックリーオークションという新方式が耐戦略性を満たす。

これからの説明は、本章のこれまでの説明と比べると、やや技術的で複雑に感じるかもしれません（パズルとしては面白いのですが）。そのように思う方は、いま述べた大筋を押さえたうえで、次の節「結局どの方式がよいのか」までスキップして読み進めるのも可能です。

では、これから単純な例として、5個ある同質の財をオークションする状況を考えていきましょう。買い手は3人（A、B、C）いるものとします。各買い手は、得る財の個数に対して、いくらまで払ってよいという評価値を次の表のように決めています。

人名	1個	2個	3個	4個	5個
A	5	10	13	16	18
B	6	10	12	13	14
C	7	13	14	15	16

評価値

この表の数字ですが、説明のときには単位を「万円」で取ることにします。例えばAが財1個に対して払ってよい最大の金額は5万円です（べつに「5円」でも「5億円」でも構いません）。

つまり買い手Aは財が1個なら5万円、2個なら10万円、3個なら13万円、4個なら16万円、5個なら18万円まで払ってよいと思っています。表の読み方は他の買い手についても同様です。

少し言い換えてみましょう。買い手Aは財を次のように評価しています。

- 1個目には5万円
- 2個目には5万円（10－5＝5）
- 3個目には3万円（13－10＝3）
- 4個目には3万円（16－13＝3）
- 5個目には2万円（18－16＝2）

こうして得られた、追加的な財1個ずつへの評価を**限界評価**といいます。同質財のオークションでは、評価値よりも限界評価を用いて話を進めたほうが便利です。買い手の限界評価を表にまとめておきましょう。

人名	1個	2個	3個	4個	5個
A	5	5	3	3	2
B	6	4	2	1	1
C	7	6	1	1	1

限界評価

戦略的行動をひとまず無視して考えることにしましょう。するとオークションにおいて買い手は次のような入札をすることになります。

・Aの入札「5万円で2個、さらに3万円で2個、2万円で1個」
・Bの入札「6万円で1個、さらに4万円で1個、2万円で1個、1万円で2個」
・Cの入札「7万円で1個、さらに6万円で1個、1万円で3個」

これら入札のうち、競り落とす5個に対応する上位5個の限界評価に○を打っておくと、これからの議論で便利です。

人名	1個	2個	3個	4個	5個
A	⑤	⑤	3	3	2
B	⑥	4	2	1	1
C	⑦	⑥	1	1	1

上位5個の入札

それでは代表的なオークション方式をいくつか見ていきましょう。

最も分かりやすいのが**ビッド支払いオークション**です。これは上位の限界評価から順に財を割り当てていき、その金額を支払ってもらう方式です。価格差別オークションと呼ばれることも多いです。

それだとまずCが1個得て7万円支払い、次にBとCが1個ずつ得て6万円支払い、そしてAが2個得て10万円（5万円を2回）支払います。

つまりビッド支払いオークションにおいて結果は次のようになります。

人名	得る個数	支払い額
A	2	5+5=10
B	1	6
C	2	7+6=13

ビッド支払いオークションの結果

ビッド支払いオークションは第一価格オークションを拡張したものといってよいでしょう。では耐戦略性を満たす第二価格オークションの拡張は何なのかと思われるかもしれませんが、これがそう単純ではありません。
まず**次点価格オークション**を考えてみましょう。いま5個の財が売られているので、6番目に高い入札額が一単位の財に対する支払い価格となります。ここではBの4万円がその値になります。この方式のもとで結果は次のようになります。

人名	得る個数	支払い額
A	2	2×4＝8
B	1	1×4＝4
C	2	2×4＝8

次点価格オークションの結果

しかし次点価格オークションは耐戦略性を満たしません。容易に分かるように、Bが二個目への入札額である「4」をそれより低い値、例えば「3」にしていれば、一単位あたりの価格が3万円まで下がり、Bは得をするからです（この場合、AもCも同様に得をします）。

つまりBは戦略的に行動することで、支払い額を一単位当たり4万円から3万円に下げられるわけです。よって次点価格オークションは耐戦略性を満たしません。この方式は第二価格オークションのメリットを引き継げていないわけです。

そこで次のような発想が浮かびます。いまの例だと、Bは自分の支払い額（6番目に高い入札額）が自分の入札額だったので戦略的操作ができた。しかし第二価格オークションが戦略的操作に強いのは、勝者の支払い額が、他人の入札額によって決められてしまうからではないか。

つまり第二価格オークションの発想をここで用いようと思ったら、一単位当たりの価格は「他人の入札のうち、財を獲得できなかったものの中で一番高い値」にするべきではないでしょうか。そのように作成した方式を**修正次点価格オークション**と呼ぶことにします。

結論からいうとこれでもまだ上手くいかず、耐戦略性を満たしません。修正次点価格オークションのもとで、今までと同じく

・Aの入札「5万円で2個、さらに3万円で2個、2万円で1個」
・Bの入札「6万円で1個、さらに4万円で1個、2万円で1個、1万円で2個」
・Cの入札「7万円で1個、さらに6万円で1個、1万円で3個」

という入札がなされたとしましょう。

このとき結果は次のようになります。AとCにとっての修正次点価格が4で、Bにとっての修正次点価格が3です。そしてここでは入札額と評価値を同一視して、オークションにより得をした金額に対応する「評価と支払いの差分」も併記しておきます。例えばAは2個への評価値が10で、支払い額が8なので差分は2です。

人名	得る個数	支払い額	評価と支払いの差分
A	2	2×4=8	5+5−8=2
B	1	1×3=3	6−3=3
C	2	2×4=8	7+6−8=5

修正次点価格オークションの結果

人名	1個	2個	3個	4個	5個
A	⑤	⑤	3	3	2
B	⑥	4	2	1	1
C	⑦	⑥	1	1	1

限界評価（再掲）

これだと耐戦略性が満たせたように思えますが、まだ見落としている点があります。入札額を引き下げ、勝ち数を減らして得をすることが可能なケースがあるからです。
いまもし、Aが「5万円で1個、さらに1万円で4個」という入札をしたとしましょう。つまり入札の状況は次の通りです。

人名	1個	2個	3個	4個	5個
A	⑤	1	1	1	1
B	⑥	④	2	1	1
C	⑦	⑥	1	1	1

Aが戦略的行動
(上位5個に○)

このときAとCの修正次点価格は2となり、またBの修正次点価格は1で、結果は次のように変わります。

人名	得る個数	支払い額	評価と支払いの差分
A	1	1×2=2	5−2=3
B	2	2×1=2	6+4−2=8
C	2	2×2=4	7+6−4=9

修正次点価格オークションの結果
（A が戦略的行動をした）

戦略的行動をしないときの結果と較べると、Aの差分は2から3へと増えています。つまりAは戦略的行動により1個しか買えなくなったものの、支払い額を下げて、全体として得をしたわけです（この例だとBもCもそれで得をしています）。修正次点価格オークションは、またしても耐戦略性を満たしません。

いったいどうすれば耐戦略性を満たせられるのでしょう。その答えがヴィックリーオー

人名	1個	2個	3個	4個	5個
A	⑤	⑤	3	3	2
B	⑥	4	2	1	1
C	⑦	⑥	1	1	1

限界評価（再掲）

クションです。

ヴィックリーオークションのもとでは、例えば2個の財を得た勝者は「他者の入札額のうち、落札できなかったものの中で上位2つ」にあたる金額を支払います。ここでは、Aは2個の財を得ます。そして他者の落札できなかった入札額とは、Bの「4、2、1、1」とCの「1、1、1」であり、これら数字のなかで上位2個は4と2なので、Aは計6万円を支払うことになります。

丁寧に論理を追っていくため、買い手たちの限界評価（の上位5個に○を打ったもの）を再掲しておきましょう。

彼らがヴィックリーオークションのもとで評価値の通りに入札すると、つまり今までと同じく

・Aの入札「5万円で2個、さらに3万円で2個、2万円で1個」
・Bの入札「6万円で1個、さらに4万円で1個、2万円で1個、1万円で2個」

・Cの入札「7万円で1個、さらに6万円で1個、1万円で3個」

の入札をすると、結果が次のようになります。

人名	得る個数	支払い額	評価と支払いの差分
A	2	4+2=6	5+5−6=4
B	1	3	6−3=3
C	2	4+3=7	7+6−7=6

ヴィックリーオークションの結果

ここでAが先ほどのように「5万円で1個、さらに1万円で4個」という入札をするのが、得策でないことを見ていきましょう。もし彼がそのような入札をすると結果は次のように変わってしまいます。

人名	得る個数	支払い額	評価と支払いの差分
A	1	2	5－2＝3
B	2	1＋1＝2	6＋4－2＝8
C	2	2＋1＝3	7＋6－3＝10

ヴィックリーオークションの結果
（戦略的行動がなされた）

つまりAの差分は4から3へと減っています。戦略的行動によってAは損をしたわけです。こうしてヴィックリーオークションは耐戦略性を満たしてくれます。

†結局どの方式がよいのか

ビッド支払いオークションと次点価格オークション（やその変種）は国債オークションで用いられる主要な方式です。そしてどちらが望ましいのかについては、依然、統一見解のようなものはありません。

単一財オークションの場合は収益同値定理がありました。第一価格オークションでも第二価格オークションでも、収益の確率的な予想金額は変わらないという結果です。しかし複数財オークションの場合、収益同値定理はきわめて限定的にしか成り立たず、ほとんど意味を持ちません。よってこの定理を参考に使うことはできない。

アメリカ政府は1992年に国債の一部の販売方法を、ビッド支払いオークションから次点価格オークション（のような方式）へと変更しました。

ビッド支払いオークションは第一価格オークションの複数財ケースへの拡張です。戦略的行動の発生に伴う第一価格オークションの欠点をそのまま引き継いでいます。それを解消するというのが変更の主な理由でした。

しかし既に述べた通り、次点価格オークションは耐戦略性を満たしません。この方式は第二価格オークションの利点を引き継げていないわけです。

これについてアメリカでは1991年に、経済学者ミルトン・フリードマンとマートン・ミラーが新聞上で、次点価格オークションが耐戦略性を満たすといった内容の発言をし、ビッド支払いオークションから次点価格オークションへの変更を勧めていました。フリードマンもミラーもノーベル経済学賞を受けた大変高名な学者ですが、オークション理論の専門家ではありません。おそらく誤解があったのでしょう。

日本の国債オークションでは、主にビッド支払いオークションが用いられています。そして今のところ、日本の国債への需要は高く、どの方式を用いても結果はほとんど変わりません。

もう少し言うと、需要が高いため、最高落札価格と最低落札価格が接近しているのです。単一財のケースでたとえると、財を求める人が多く、第一価格と第二価格がほぼ同じで、戦略的行動の余地が皆無に近い状況です。

これをもって「日本の国家財政が信頼されている証拠だ」のようにいう人もいます。しかし話はそう単純ではありません。

国債は私的価値でもあり共通価値でもある、相互依存価値の財だからです。

例えば高リスク・高収益な債券を多く保有している投資家にとって、国債は相対的に安全な資産です。一方で、既に国債を多く保有している投資家にとっては、更に国債を増やすのは相対的にリスキーな選択です。つまり独自のポートフォリオの一部という面で、国債は私的価値です。また日本に愛着があるから日本国債を買うというのも私的価値です。

一方でどの投資家にとっても国の償還能力は当然ながら、インフレや為替など通貨価値の影響を等しく受けるという面で、国債は共通価値です。

共通価値の面が強いならば、日本の国債オークションでは勝者の災いが起こっており、過度に楽観的な買い手たちが支えてくれているのかもしれません。

では今後、もし日本国債が堅調に売れなくなったときに、どのような方式を導入すればよいのでしょうか。優れたオークション方式は、魔法の杖では決してありませんが、無用のトラブルを抑えてくれるものです。

やはり耐戦略性を満たすヴィックリーオークションが優れた候補になるのではないでしょうか。この方式は、他の方式と比べれば定義がやや込み入っていますが、買い手である金融機関の専門家がそれを理解することは十分可能でしょう。

よりシンプルなものを望むならば、耐戦略性をフルには満たさないものの、他の諸方式と比べれば戦略的操作に強い、修正次点価格オークションが有力と思われます。

またヴィックリーオークションのような封印型でなく、公開型のほうが望ましいという意見もあるはずです。その場合は、メリーランド大学のローレンス・オーズベル教授が提案した、オーズベルオークションと呼ばれる方式が優れた候補となります。

ここでは説明を省きますが、オーズベルオークションは公開型で、ヴィックリーオークションと戦略的に同値な方式です。仕組みは若干複雑なのですが、公開型のメリットとヴィックリーオークションのメリットを併せ持ってくれています。

オーズベルの論文は2004年のアメリカン・エコノミック・レビュー誌に掲載された比較的新しいもので、いま理論家から大きな注目を集めています。いずれどこかの国の国債オークションで導入されるかもしれません。

†そろそろ周波数オークションをしよう

本章の冒頭で述べた周波数オークションに話を戻し、議論を締めくくりましょう。

昔はアメリカでも裁量行政で免許の割り当てを行っていました。行政機関が事業者を審査して決めていたわけです。しかし審査には時間がかかるし、結局分かることも多くなく、効率的に配分することは期待できません。割り当てるはずの免許にも多くの残りが出ました。

そこでアメリカではその後、ランダムにくじで配分を決めようとします。ずいぶん乱暴なやり方ですが、もちろんそれで効率的な配分が達成できるはずはありません。そうした経緯でオークションを導入することになったわけです。

１９９４年からアメリカ連邦通信委員会が主催した周波数オークションの成功は特に目覚ましいものでした。２０１２年４月までの収益の総額は７８０億ドルです。

行政管理予算局による事前の予想額は１００億ドルでした。そしてこれに対する事業者たちの反応は、そんなに高い金額が付くはずがないといった冷ややかなものでした。これらの事実から何が学び取れるでしょうか。

まず政府は、オークションが成功したとはいえ、予想という点からは大きく外れています。これでは裁量行政でうまくいくわけがありません。日本でも２００７年に総務省がウィルコムに審査で高得点を与え免許を交付しましたが、同社はその後、倒産するという出来事がありました。

次に事業者についてですが、やはりこちら側も予想は大きく外れています。つまり民間だからといって政府より賢いわけではありません。

つまりオークションに関わる個々の主体は、誰も価格の予想が付かなかったわけです。

誰が悪いわけでもありません。誰にも分からないモノの経済価値を、価格という形で浮かび上がらせるのがオークションの機能だからです。

オークション方式の設計を依頼されたポール・ミルグロムらが最終的に辿りついたデザインは、**同時競り上げ式**と呼ばれるものでした。それは一つひとつの免許を個々に、競り上げ式オークションにかける方式です。特に重要なのは、開始時間は同じで、また全てのオークションが終わるまでどのオークションも終わらないようルールを設定したことです（細則は他に山のようにあります）。

こうすると事業者はオークションの途中で、ある免許の値段が高くなってきたときに、よく似た他の免許に乗り換えることができるようになります。これにより、似た免許には似た価格が付く、いわば一物一価が実現することになります。

かつてアダム・スミスは市場の価格調整機能を「神の見えざる手」と、ブラック・ボックスのように表現しました。同時競り上げ式オークションはブラック・ボックスの中身を可視化したものともいえるでしょう。

アメリカでの成功を皮切りに、今ではほぼ全てのOECD諸国で周波数オークションが実施されています。中にはバブルが発生したものや、収益が低調だったものもありますが、それゆえに経験と知識の集積が多くあります。

日本で周波数オークションは導入されていません。民主党は2009年衆院選のマニフェストでそれに触れていたのですが、これに関する電波法改正案は2012年の衆院解散で廃案になってしまいました。

また、羽田空港の新規発着枠もオークションを行うことが検討されていたのですが、やはり2012年の衆院解散後に中止となりました。結局は国土交通省が裁量で割り当てています。

そして政権交代後の2013年1月、自民党の新藤義孝総務相は周波数オークションを行わない方針を発表しました。行わないことについて筋道立った説明がなされているわけではありません。日本政府によるオークションの本格的な活用は、まだこれからといったところです。

＊　＊　＊

周波数オークションの話が典型的ですが、結局のところオークションとは、ある財の、「真の経済価値」とでもいうべきものを見付けだす仕組みにほかなりません。

財をどれだけ有効活用できるのか、どれだけ払うつもりがあるのか、これらは社会に点在する個々のプレイヤーが私的に持っている情報です。それらの情報が入札に反映され、情報を集約した結果として、経済価値が価格として現れてきます。

本書では何度か建築を設計の比喩として用いてきました。しかし建物の設計とオークション方式の設計には一点、本質的な相違があります。

建築の場合は設計図の段階で、最終的に出来上がる建物の姿やその用途が、かなり明確になっています。住宅を施工するときには間取りや外観は決まっており、完成後は特定の家族がそこで生活するといったように。

しかしオークション方式の場合には、最終的に誰が勝ち、どのような結果が出てくるかは分かりません。これはごく当然のことで、そもそも誰が勝つか事前に分かっていればオークションなどする必要が無く、最初からその人と相対取引をすればよいのです。

しかしそれは事前には分かりません。結果が分からないからこそオークションをするのです。

「競り」という言葉には競争の意が含まれています。20世紀を代表する経済学者のひとりで、社会主義的な計画経済の非現実性を批判したフリードリヒ・フォン・ハイエクは、競争を「発見の手段」と表現しました。試合の結果としてどのサッカーチームが強いのかが分かるし、試験の結果としてどの学生がよく勉強したのかが分かる、というのと同じです。

オークションに限らずマーケットデザインの特徴は、あくまでルールを作るという点にあります。手段を定めるのであって、結果を定めるのではありません。計画経済的に「誰にいくらで売ろう」とか、「この組み合わせにする」といったことを決めたりはしません。それだと上手く行かないから分権的なルールの作成に工夫を凝らすわけです。

18世紀にアダム・スミスが考察した自由市場の機能と、19世紀にレオン・ワルラスが重視した技術としての経済学、そして20世紀にフリードリヒ・フォン・ハイエクが「発見の手段」と評した競争のアイデア。マーケットデザインはそれらの知見を21世紀に結実させ開花した知識の結晶です。

読書案内

ここでは日本語で書かれたマーケットデザイン関連の書籍をいくつか紹介しておきます。この分野をもう少し本格的に学んでみたい人には、拙著ですが坂井豊貴『マーケットデザイン入門――オークションとマッチングの経済学』（ミネルヴァ書房、二〇一〇年）を勧めます。この本はオークションとマッチングについて学部生レベルの解説をしています。

オークションの初学者用テキストとしては横尾真『オークション理論の基礎――ゲーム理論と情報科学の先端領域』（東京電機大学出版局、二〇〇六年）、ケン・スティグリッツ『オークションの人間行動学――最新理論からネットオークション必勝法まで』川越敏司・佐々木俊一郎・小川一仁（翻訳）、（日経BP社、二〇〇八年）が読みやすいです。

上級者向けのオークションのテキストにはポール・ミルグロム『オークション理論とデザイン』川又邦雄・奥野正寛（監訳）、計盛英一郎・馬場弓子（翻訳）、（東洋経済新報社、二〇〇七年）があります。ただし、この本は専門家には重宝するのですが、初学者向けではありません。

学校選択マッチングは安田洋祐編著『学校選択制のデザイン――ゲーム理論アプローチ』（NTT出版、二〇一〇年）が日本の事例も交え詳しく扱っています。

マッチング理論を厳密に学びたい人には坂井豊貴・藤中裕二・若山琢磨『メカニズムデザイン――資源配分制度の設計とインセンティブ』（ミネルヴァ書房、二〇〇八年）を勧めます。この本はマッチングだけでなくオークションや、より広く「メカニズムデザイン」というものを扱っています。難度は学部上級から大学院生向けくらいです。

腎移植マッチングの専門書籍は、私の知る限りありません。日本の腎移植をめぐる現状について一冊選ぶならば相川厚『日本の臓器移植　現役腎移植医のジハード』（河出書房新社、二〇〇九年）がよいでしょう。

離散数学的にマッチングを学びたい方には田村明久『離散凸解析とゲーム理論』（朝倉書店、二〇〇九年）をお勧めしますが、これは上級者向けです。

市場に関する逸話を多く扱う書籍としてジョン・マクミラン『市場を創る――バザールからネット取引まで』瀧澤弘和・木村友二（翻訳）、（NTT出版、二〇〇七年）を勧めます。この本はやや高価ですが値段以上の価値がある、とても面白い読み物です。

最後に、本書は「経済学的ものづくり」の本ですが、「経営学的ものづくり」の本として三宅秀道『新しい市場のつくりかた』（東洋経済新報社、二〇一二年）を挙げておきます。本書と併せて読むと、いわゆる「市場」や「価値」とは何なのか、複合的な視点を得られるようになると思います。

最後に、マーケットデザインの知見を実際に用いるときには、ここで挙げた文献や専門論文を調べたり、専門家に相談したりすることを勧めます。念のため述べておくと、売る財が2個以上あるときに、安易に第二価格オークションのアイデアを用いたり、収益同値定理を拡大解釈したりというのは、「生兵法は怪我のもと」が起こりやすい例です。ご注意ください。

おわりに

数カ月前、とある出版社から何か書きませんかと言われて考えているうちに、マーケットデザインを受賞分野としてノーベル経済学賞が出された。私はこの機会にマーケットデザインで新書はどうかと思い企画書を作成して送ったが、却下されてしまった。

その連絡を受けたときはずいぶん解せない気がしたものだ。私は気分転換のため椅子から立ち上がり、研究室を出て、エレベータで建物の一階まで降りてメールボックスを覗きにいった。すると筑摩書房の橋本陽介という編集者から一通の長封筒が届いていた。

こういうときは分かるもので、私はそれを見た瞬間に、これはマーケットデザインでちくま新書を書きませんかという依頼の手紙だと確信した。封を開けるともちろんその通りであった。

私は「なんかすごいな」と思いながら研究室に戻り、さっそく橋本さんに「ぜひ書きます」と電話をかけた。そうして生まれたのが本書である。

というわけでこれに限らず、常にプロフェッショナルな仕事をしてくれた筑摩書房・新書編集部の橋本陽介氏に深く感謝の意を表する。

第一章の草稿は慶應義塾大学通信教育課程の夜間スクリーニングで教材として用いた。熱心に受講してくれた塾生の皆さんに感謝する。また草稿に多くのコメントをくれた、経済学部研究会生の岡本実哲君と池邉暢平君に感謝する。

本書と直接的には関係ないが、私の執筆を支えてくれたり執筆に支えられたりしている、家族一同（万利代、文嘉、樹）と愛犬（わっぱ）にも、日頃の色々について感謝します。ただ、お父さんは犬と暮らすのにあんなにお金がかかるとは知りませんでした。

私がマーケットデザインを知ったのは約10年前、米国有数の豪雪地帯ロチェスターに留学していたころのことだ。当時はマーケットデザインという学問上の分類は確立しておらず、その呼称もほとんど知られていなかった。ここ10年ほどで急成長して、あっという間にノーベル賞まで出て、今はその社会的関心が高まりつつある段階だ。

ただしその関心の高まりには、この分野はインパクトを与えやすく、役に立つことが分かりやすいという理由もある。マーケットデザインが注目されること自体は望ましいが、それが「インパクト」や「役に立つ」を安易に求める風潮と結びついているのであれば、手放しでは喜べない。

この分野に限ったことではないが、何の役に立つのか分からない基礎研究こそがすべての学問を支えている。ＴＴＣアルゴリズムが生まれた当時、それが腎移植に使えるとは誰も予想できなかったし、耐戦略性のアイデアにしても、本格的にその意義が理解されるようになったのはごく近年のことだ。

マーケットデザインの知見が日本社会で多く採り入れられることと、ただ面白いだけの基礎研究が広く尊重されることを、ともに願っている。

２０１３年７月　三田山上の研究室にて

When Preferences May Not Be Quasilinear" Review of Economic Design, Vol. 17-1, pp. 17-26
W. Vickrey (1961) "Counterspeculation, Auctions, and Competitive Sealed Tenders" Journal of Finance, Vol. 16-1, pp. 8-37
W. Vickrey (1962) "Auction and Bidding Games" in Recent Advances in Game Theory (eds. Morgenstern, O. and Tucker, A.), Princeton University Press

本書の性質上、以上に挙げた文献は主に参照したもののみである。また、自著『マーケットデザイン入門―オークションとマッチングの経済学』(ミネルヴァ書房)と、本書と執筆時期が重なった日本経済新聞の拙稿『マーケットデザイン』(朝刊「やさしい新しい経済学」欄、2013年5月8日から21日までの平日、全10回連載)は、随時自ら参照した。

ジョン・マクミラン（2007）『市場を創る　バザールからネット取引まで』NTT 出版。原著は McMillan, J.（2002）Reinventing the Bazaar: A Natural History of Markets, Norton, W. W. Norton & Company, Inc.

松島斉（2012）「オークションとマーケットデザイン vol. 1　4G 周波数オークション・ジャパン―Japanese Package Auction（JPA）設計案の骨子」経済セミナー6・7月号　日本評論社

ポール・ミルグロム（2007）『オークション理論とデザイン』川又邦雄・奥野正寛（監訳）、計盛英一郎・馬場弓子（訳）東洋経済新報社。原著は Milgrom, P. R.（2004）Putting Auction Theory to Work, Cambridge University Press

横尾真（2006）『オークション理論の基礎―ゲーム理論と情報科学の先端領域』東京電機大学出版局

L. M. Ausubel（2004）"An Efficient Ascending-bid Auction for Multiple Objects" American Economic Review, Vol. 94-5, pp. 1452-1475

J. Bulow and P. Klemperer（1996）"Auctions Versus Negotiations" American Economic Review, Vol. 86-1, pp. 180-194

E. Clarke（1971）"Multi-part Pricing of Public Goods" Public Choice, Vol. 11-1, pp. 17-33

T. Groves（1973）"Incentives in Teams" Econometrica, Vol. 41-4, pp. 617-631

Federal Communications Commission HP http://wireless.fcc.gov/avctions

F. A. Hayek（1945）"The Use of Knowledge in Society" American Economic Review, Vol. 35-4, pp. 519-530

F. A. Hayek（1968）"Der Wettbewerb als Entdeckungsverfahren" M. S. Snow（2002）による英訳 "Competition as a Discovery Procedure" Quarterly Journal of Austrian Economics, Vol. 5-3, pp. 9-23

P. R. Milgrom and R. J. Weber（1982）"A Theory of Auctions and Competitive Bidding" Econometrica, Vol. 50-5, pp. 1089-1122

R. B. Myerson（1981）"Optimal Auction Design" Mathematics of Operations Research, Vol. 6-1, pp. 58-73

J. G. Riley and W. F. Samuelson（1981）"Optimal Auctions" American Economic Review, Vol. 71-3, pp. 381-392

M. S. Robinson（1985）"Collusion and the Choice of Auction" RAND Journal of Economics, Vol. 16-1, pp. 141-145

T. Sakai（2013）"An Equity Characterization of Second Price Auctions

A. E. Roth (1982) "The Economics of Matching: Stability and Incentives" Mathematics of Operations Research, Vol. 7-4, pp. 617-628
A. E. Roth (1984) "The Evolution of the Labor Market for Medical Interns and Residents: A Case Study in Game Theory" Journal of Political Economy, Vol. 92-6, pp. 991-1016
A. E. Roth (1984) "Misrepresentation and Stability in the Marriage Problem" Journal of Economic Theory, Vol. 34-2, pp. 383-387
A. E. Roth (1985) "The College Admissions Problem Is Not Equivalent to the Marriage Problem" Journal of Economic Theory, Vol. 36-2, pp. 277-288
A. E. Roth (2002) "The Economist as Engineer: Game Theory, Experimentation, and Computation as Tools for Design Economics" Econometrica, Vol. 70-4, pp. 1341-1378
A. E. Roth (2008) "Deferred Acceptance Algorithms: History, Theory, Practice, and Open Questions" International Journal of Game Theory, Vol. 36-3, pp. 537-569
A. E. Roth and E. Peranson (1999) "The Redesign of the Matching Market for American Physicians: Some Engineering Aspects of Economic Design" American Economic Review, Vol. 89-4, pp. 748-780
A. E. Roth and M. A. O. Sotomayor (1990) Two-Sided Matching: A Study in Game-Theoretic Modeling and Analysis. Cambridge University Press

第三章

池田信夫 (2006)『電波利権』新潮社
上田晃三 (2010)「オークションの理論と実際：金融市場への応用」金融研究 第29巻 第1号、47-90頁
鬼木甫 (2002)『電波資源のエコノミクス―米国の周波数オークション』現代図書
小山登美夫 (2008)『その絵、いくら？　現代アートの相場がわかる』講談社
砂田篤子 (2010)「周波数とオークションをめぐる議論」調査と情報 第750号
毎日新聞 (2010)『厚労省　研修医高給に歯止め　年720万円以上補助金減額』2月18日朝刊

through-kidney-transplant-chain-124.html?pagewanted=all&_r=0

第二章

鎌田雄一郎・小島武仁・和光純（2011）「マッチング理論とその応用：研修医の「地域偏在」とその解決策」医療経済研究 23 巻（1）、5-20 頁
安田洋祐　編著（2009）『学校選択制のデザイン　―ゲーム理論アプローチ』NTT 出版
A. Abdulkadiroglu and T. Sonmez (2003) "School Choice: A Mechanism Design Approach" American Economic Review, Vol. 93-3, pp. 729-747
A. Abdulkadiroglu, P. A. Pathak, A. E. Roth, and T. Sonmez (2005) "The Boston Public School Match" American Economic Review, Papers and Proceedings, Vol. 95-2, pp. 368-371
A. Abdulkadiroglu, P. A. Pathak, and A. E. Roth (2005) "The New York City High School Match" American Economic Review, Papers and Proceedings, Vol. 95-2, pp. 364-367
J. Alcalde and S. Barbera (1994) "Top Dominance and the Possibility of Strategy-proof Stable Solutions to Matching Problems" Economic Theory, Vol. 4-3, pp. 417-435
M. Balinski and T. Sonmez (1999) "A Tale of Two Mechanisms: Student Placement" Journal of Economic Theory, Vol. 84-1, pp. 73-94
L. E. Dubins and D. A. Freedman (1981) "Machiavelli and the Gale-Shapley Algorithm" American Mathematical Monthly, Vol. 88-7, pp. 485-494
D. Gale and L. S. Shapley (1962) "College Admissions and the Stability of Marriage" American Mathematical Monthly, Vol. 69-1, pp. 9-15
J. W. Hatfield, F. Kojima, and Y. Narita (2012) "Promoting School Competition through School Choice: a Market Design Approach" working paper
Y. Kamada and F. Kojima (2012) "Improving Efficiency in Matching Markets with Regional Caps: The Case of the Japan Residency Matching Program" working paper
D. E. Knuth (1976) Mariages Stables, Montreal, Les Presses de l' Universite de Montreal. M. Goldstein による英訳（1996）Stable Marriage and Its Relation to Other Combinatorial Problems: An Introduction to the Mathematical Analysis of Algorithms, American Mathematical Society

A. E. Roth, T. Sonmez, and M. U. Unver (2005) "Pairwise Kidney Exchange" Journal of Economic Theory, Vol. 125-2, pp. 151-188
A. E. Roth, T. Sonmez, and M. U. Unver (2005) "A Kidney Exchange Clearinghouse in New England" American Economic Review, Papers and Proceedings, Vol. 95-2, pp. 376-380
A. E. Roth, T. Sonmez, and M. U. Unver (2007) "Kidney Paired Donation with Compatible Pairs" letter to the editor of American Journal of Transplantation, Vol. 8-2, pp. 463
A. E. Roth, T. Sonmez, M. U. Unver, F. L. Delmonico, and S. L. Saidman (2006) "Utilizing List Exchange and Undirected Good Samaritan Donation through 'Chain' Paired Kidney Donations" American Journal of Transplantation, Vol. 6-11, pp. 2694-2705
A. E. Roth, T. Sonmez, and M. U. Unver (2007) "Efficient Kidney Exchange: Coincidence of Wants in Markets with Compatibility-Based Preferences" American Economic Review, Vol. 97-3, pp. 828-851
M. A. Rees, J. E. Kopke, R. P. Pelletier, D. L. Segev, M. E. Rutter, A. J. Fabrega, J. Rogers, O. G. Pankewycz, J. Hiller, A. E. Roth, T. Sandholm, M. U. Unver, and R. A. Montgomery (2009) "A Non-Simultaneous Extended Altruistic Donor Chain" New England Journal of Medicine, Vol. 360-11, pp. 1096-1101
S. L. Saidman, A. E. Roth, T. Sonmez, M. U. Unver, and F. L. Delmonico (2006) "Increasing the Opportunity of Live Kidney Donation By Matching for Two and Three Way Exchanges" Transplantation, Vol. 81-5, pp. 773-782
L. S. Shapley and H. Scarf (1974) "On Cores and Indivisibility" Journal of Mathematical Economics, Vol. 1-1, pp. 23-28
K. Takahashi and K. Saito (2013) "ABO-incompatible Kidney Transplantation" Transplantation Reviews, Vol. 27-1, pp. 1-8
K. Takahashi, K. Saito, S. Takahara, A. Okuyama, K. Tanabe, H. Toma, K. Uchida, A. Hasegawa, N. Yoshimura, and Y. Kamiryo (2004) "Excellent Long-term Outcome of ABO-Incompatible Living Donor Kidney Transplantation in Japan" American Journal of Transplantation, Vol. 4-7, pp. 1089-1096
The New York Times 電子版 (2012) "60 Lives, 30 Kidneys, All Linked" http://www.nytimes.com/2012/02/19/health/lives-forever-linked-

Lives: Man's Kidney Donation to a Stranger Sets Off Longest Ever Transplant Donor Chain" by Mark Duell
http://www.dailymail.co.uk/news/article-2103862/From-Rick-Ruzzamenti-Donald-Terry-Worlds-longest-kidney-donor-chain-ending-30-transplants.html

K. Park, J. Moon, S. I. Kim, and Y. S. Kim (1999) "Exchange Donor Program in Kidney Transplantation" Transplantation, Vol. 67-2, pp. 336-338

K. Park, J. H. Lee, K. H. Huh, S. I. Kim, and Y. S. Kim (2004) "Exchange Living-Donor Kidney Transplantation: Diminution of Donor Organ Shortage" Transplantation Proceedings, Vol. 36-10, pp. 2949-2951

M. A. Rees, J. E. Kopke, R. P. Pelletier, D. L. Segev, A. J. Fabrega, J. Rogers, O. G. Pankewycz, J. Hiller, A. E. Roth, T. Sandholm, M. U. Unver, B. Nibhanubpudy, V. Bowers, C. VanBuren, and R. A. Montgomery (2009) "Six Nonsimultaneous Extended Altruistic Donor (NEAD) Chains"
http://scholar.harvard.edu/files/roth/files/rees.atc_.2009.neadchain-poster-3.pdf

M. A. Rees, J. E. Kopke, R. P. Pelletier, D. L. Segev, A. J. Fabrega, J. Rogers, O. G. Pankewycz, A. E. Roth, T. E. Taber, M. U. Unver, B. Nibhanubpudy, A. B. Leichtman, C. T. VanBuren, C. J. Young, and R. A. Montgomery (2009) "Seven Non-Simultaneous Extended Altruistic Donor (NEAD) Chains"
http://kuznets.fas.harvard.edu/~aroth/papers/ATC.2010.NEADChainPoster.Reesfinal.pdf

M. A. Rees, M. A. Schnitzler, E. Zavala, J. A. Cutler, A. E. Roth, F. D. Irwin, S. W. Crawford, and A. B. Leichtman (2012) "Call to Develop a Standard Acquisition Charge Model for Kidney Paired Donation" American Journal of Transplantation, Vol. 12-6, pp. 1392-1397

A. E. Roth (1982) "Incentive Compatibility in a Market with Indivisible Goods" Economics Letters, Vol. 9-2, pp. 127-132

A. E. Roth and A. Postlewaite (1977) "Weak Versus Strong Domination in a Market with Indivisible Goods" Journal of Mathematical Economics, Vol. 4-2, pp. 131-137

A. E. Roth, T. Sonmez, and M. U. Unver (2004) "Kidney Exchange" Quarterly Journal of Economics, Vol. 119-2, pp. 457-488

2012』日本医学館
東京女子医科大学病院泌尿器科 HP（腎移植に関するコーナー）
http://www.twmu.ac.jp/KC/Urology/kidney/kidneytrans.html
中山太郎（2011）『国民的合意をめざした医療―臓器移植法の成立と改正までの 25 年』はる書房
日本移植学会 HP「ドナー交換腎移植に関する見解」
http://www.asas.or.jp/jst/news/news007.html
日本透析医学会 HP「わが国の慢性透析療法の現況」
http://docs.jsdt.or.jp/overview/
A. Abdulkadiroglu and T. Sonmez (1999) "House Allocation with Existing Tenants" Journal of Economic Theory, Vol. 88-2, pp. 233-260
G. P. J. Alexandore (2004) "From ABO-incompatible Human Kidney Transplantation to Xenotransplantation" Xenotransplantation, Vol. 11-3, pp. 233-236
I. Ashlagi, D. S. Gilchrist, A. E. Roth, and M. A. Rees (2011) "Nonsimultaneous Chains and Dominos in Kidney-Paired Donation—Revisited" American Journal of Transplantation, Vol. 11-5, pp. 984-994
I. Ashlagi, D. S. Gilchrist, A. E. Roth, and M. A. Rees (2011) "NEAD Chains in Transplantation" American Journal of Transplantation, Vol. 11-12, pp. 2780-2781
I. Ashlagi and A. E. Roth (2012) "New Challenges in Multihospital Kidney Exchange" American Economic Review, Papers and Proceedings, Vol. 102-3, pp. 354-359
L. M. Ausubel and T. Morrill (2010) "Sequential Kidney Exchange" working paper
W. C. Bradley, K. P. Samy, A. E. Roth, and M. A. Rees (2011) "Kidney Paired Donation" Nephrology Dialysis Transplantation, Vol. 26-7, pp. 2091-2099
R. L. Hanto, S. L. Saidman, A. E. Roth, and F. L. Delmonico (2010) "The Evolution of a Successful Kidney Paired Donation Program"
http://kuznets.fas.harvard.edu/~aroth/papers/NEPKE.TTS%20eposter June%202010.pdf
KidneyMitzvah.com
http://www.kidneymitzvah.com/
MAIL Online (2012) 'How One Man's Act of Kindness Saved THIRTY

参考文献

第一章

相川厚（2009）『日本の臓器移植　現役腎移植医のジハード』河出書房新社

秋田大学医学部付属病院泌尿器科「ハイリスク生体腎移植を受けられる患者さんへ（ABO 血液型不適合、抗 HLA 抗体保有）」

石川暢夫・佐久間康成・藤原岳人・宮本直志・貫井昭徳・安士正裕・八木澤隆（2008）「自治医科大学附属病院における ABO　血液型不適合腎移植」自治医科大学紀要　31-40 頁

岩波祐子（2009）「臓器移植の現状と今後の課題（1）〜法改正の背景と国際動向〜」立法と調査 No. 298 36-52 頁

打田和治・渡井至彦・後藤憲彦 編集（2011）『これを見ればすべてがわかる　腎移植 2011 Q&A』東京医学社

太田和夫・阿岸鉄三 監修、高橋公太編集（1991）『ABO 血液型不適合腎移植』日本医学館

加藤俊一（2007）「ドナー交換腎移植に関する日本移植学会の見解」臨牀透析 Vol. 23-4, 523-525 頁

厚生省保健医療局 HP（1997）http://www1.mhlw.go.jp/topics/bukyoku/hokeni-1.html

参議院（2009）『第 171 回国会 参議院 厚生労働委員会 会議録第 23 号』30 頁（平成 21 年 7 月 7 日）

高橋公太 編集（2007）『本邦における臓器分配のルールの現状と理想―公平・公正とは』日本医学館

高橋公太 編集（2008）『生体臓器移植の法的諸問題―法律は本当に必要なのか』日本医学館

高橋公太 編集（2009）『腎移植のすべて』メジカルビュー社

高橋公太 編集（2012）『移植医療と保険診療―移植患者外来管理料の創設に向けて』日本医学館

高橋公太 編集（2012）『変貌する腎移植―ABO 血液型不適合臓器移植患者の輸血ガイドラインと先行的腎移植』日本医学館

高橋公太・田中紘一 編集（2011）『ABO 血液型不適合移植の新戦略 2011』日本医学館

高橋公太・田中紘一 編集（2012）『ABO 血液型不適合移植の新戦略

ちくま新書
1032

マーケットデザイン
——最先端《さいせんたん》の実用的《じつようてき》な経済学《けいざいがく》

二〇一三年九月一〇日　第一刷発行

著者　坂井豊貴（さかい・とよたか）
発行者　熊沢敏之
発行所　株式会社 筑摩書房
東京都台東区蔵前二-五-三　郵便番号一一一-八七五五
振替〇〇一六〇-八-四一二三
装幀者　間村俊一
印刷・製本　株式会社 精興社

乱丁・落丁本の場合は、左記宛にご送付下さい。
送料小社負担でお取り替えいたします。
ご注文・お問い合わせも左記へお願いいたします。
〒三三一-八五〇七　さいたま市北区櫛引町二-六〇四
筑摩書房サービスセンター　電話〇四八-六五一-〇〇五三

ISBN978-4-480-06734-0 C0233

766 現代語訳 学問のすすめ
福澤諭吉
齋藤孝訳
諭吉がすすめる「学問」とは？ 世のために動くことで自分自身も充実する生き方を示し、激動の明治時代を導いた大ベストセラーから、今すべきことが見えてくる。

912 現代語訳 福翁自伝
福澤諭吉
齋藤孝編訳
近代日本最大の啓蒙思想家福沢諭吉の自伝を再編集&現代語訳。痛快で無類に面白いだけではない。読めば必ず、最高の人生を送るためのヒントが見つかります。

877 現代語訳 論語
齋藤孝訳
学び続けることの中に人生がある。――二千五百年間、読み継がれ、多くの人々の「精神の基準」となった古典中の古典を、生き生きとした訳で現代日本人に届ける。

861 現代語訳 武士道
新渡戸稲造
山本博文訳／解説
日本人の精神の根底をなした武士道。その思想的な源泉はどこにあり、いかにして普遍性を獲得しえたのか？ 世界的反響をよんだ名著が、清新な訳と解説でいま甦る。

827 現代語訳 論語と算盤
渋沢栄一
守屋淳訳
資本主義の本質を見抜き、日本実業界の礎となった渋沢栄一。経営・労働・人材育成など、利潤と道徳を調和させる経営哲学には、今なすべき指針がつまっている。

615 現代語訳 般若心経
玄侑宗久
人はどうしたら苦しみから自由になれるのか。言葉や概念といった理知を超え、いのちの全体性を取り戻すための手引を、現代人の実感に寄り添って語る新訳決定版。

890 現代語訳 史記
司馬遷
大木康訳／解説
歴史書にして文学書の大古典『史記』から「権力」と「キャリア」をテーマにした極上のエピソードを選出し、現代語訳。「本物の感触」を届ける最上の入門書。

966
数学入門
小島寛之
ピタゴラスの定理や連立方程式といった基礎の基礎を出発点に、美しく深遠な現代数学の入り口まで到達する道筋がある！　本物を知りたい人のための最強入門書。

565
使える！　確率的思考
小島寛之
この世は半歩先さえ不確かだ。上手に生きるには、可能性を見積もり適切な行動を選択する力が欠かせない。確率のテクニックを駆使して賢く判断する思考法を伝授！

944
分析哲学講義
青山拓央
現代哲学の全領域に浸透した「分析哲学」。言語のはたらきの分析を通じて世界の仕組みを解き明かすその手法は切れ味抜群だ。哲学史上の優れた議論を素材に説く！

964
科学哲学講義
森田邦久
科学的知識の確実性が問われている今こそ、科学の正しさを支えるものは何かを、根源から問い直さねばならない！　気鋭の若手研究者による科学哲学入門書の決定版。

020
ウィトゲンシュタイン入門
永井均
天才哲学者が生涯を賭けて問いつづけた「語りえないもの」とは何か。写像・文法・言語ゲームと展開する特異な思想に迫り、哲学することの妙技と魅力を伝える。

545
哲学思考トレーニング
伊勢田哲治
哲学って素人には役立たず？　否、そこは使える知のツールの宝庫。屁理屈や権威にだまされず、筋の通った思考を自分の頭で一段ずつ積み上げてゆく技法を完全伝授！

695
哲学の誤読
――入試現代文で哲学する！
入不二基義
哲学の文章を、答えを安易に求めるのではなく、思考の対話を重ねるように読み解いてみよう。入試問題の哲学文を「誤読」に着目しながら精読するユニークな入門書。

ちくま新書

785
経済学の名著30
松原隆一郎
スミス、マルクスから、ケインズ、ハイエクを経てセンまで。各時代の危機に対峙することで生まれた古典には混沌とする経済の今を捉えるためのヒントが満ちている！

831
現代の金融入門【新版】
池尾和人
情報とは何か。信用はいかに創り出されるのか。金融の本質に鋭く切り込みつつ、平明かつ簡潔に解説した定評ある入門書。金融危機の経験を総括した全面改訂版。

516
金融史がわかれば世界がわかる
――「金融力」とは何か
倉都康行
マネーに翻弄され続けてきた近現代。その変遷を捉え直し、世界の金融取引がどのように発展してきたかを整理しながら、「国際金融のいま」を歴史の中で位置づける。

931
20代からのファイナンス入門
――お金がお金を生む仕組み
永野良佑
一見複雑に思える金融のメカニズム。しかし、基礎の考え方さえ押さえておけば、実はすべてが腑に落ちる仕方で理解できる。知識ゼロから読めるファイナンス入門。

991
増税時代
――われわれは、どう向き合うべきか
石弘光
無策な政治により拡大した財政赤字を解消し、社会保障制度を破綻させないためにはどうしたらよいのか？　国民生活の質の面から公平性を軸に税財制を考える一冊。

857
日本経済のウソ
髙橋洋一
円高、デフレ、雇用崩壊――日本経済の沈下が止まらない。この不況の時代をどう見通すか？　大恐慌から現代まで、不況の原因を検証し、日本経済の真実を明かす！

1023
日本銀行
翁邦雄
アベノミクスで脱デフレに向けて舵を切った日銀は、本当に金融システムを安定させられるのか。金融政策の第一人者が、日銀の歴史と多難な現状を詳しく解説する。

ちくま新書

396 組織戦略の考え方 ——企業経営の健全性のために 沼上幹

組織を腐らせてしまわぬため、主体的に思考し実践しよう！　組織設計の基本から腐敗への対処法まで「これウチの会社！」と誰もが嘆くケース満載の組織戦略入門。

619 経営戦略を問いなおす 三品和広

戦略と戦術を混同する企業が少なくない。見せかけの「戦略」は企業を危うくする。現実のデータと事例を数多く紹介し、腹の底からわかる「実践的戦略」を伝授する。

842 組織力 ——宿す、紡ぐ、磨く、繋ぐ 高橋伸夫

経営の難局を打開するためには、〈組織力〉を宿し、紡ぎ、磨き、繋ぐことが必要だ。新入社員から役員まで、組織人なら知っておいて損はない組織論の世界。

875 ダメになる会社 ——企業はなぜ転落するのか？ 高橋伸夫

会社を良くしたいのなら、「まともな人間」を経営者に選ぶことが大切だ。では、その条件とは？　資本主義の歴史の中で現代を考え、御社のあるべき姿を考える経営論。

878 自分を守る経済学 徳川家広

日本経済の未来にはどんな光景が待ち受けているのか？　徳川宗家十九代目が、経済の仕組みと現在へ至る歴史を説きながら、身を守るためのヒントを提供する！

884 40歳からの知的生産術 谷岡一郎

マネジメントの極意とは？　時間管理・情報整理・知的生産の3ステップで、その極意を紹介。ファイル術からアウトプット戦略まで、成果をだすための秘訣がわかる。

869 35歳までに読むキャリア《しごとえらび》の教科書 ——就・転職の絶対原則を知る 渡邉正裕

会社にしがみついていても、なんとかなる時代ではなくなった。どうすれば自分の市場価値を高めて、望む仕事に就くことができるのか？　迷える若者のための一冊。

ちくま新書

002 経済学を学ぶ 岩田規久男

交換と市場、需要と供給などミクロ経済学の基本問題から財政金融政策などマクロ経済学の基礎までを、現実の経済問題に即した豊富な事例で説く明快な入門書。

512 日本経済を学ぶ 岩田規久男

この先の日本経済をどう見ればよいのか？　戦後高度成長期から平成の「失われた一〇年」までを学びなおし、さまざまな課題をきちんと捉える、最新で最良の入門書。

035 ケインズ ――時代と経済学 吉川洋

マクロ経済学を確立した20世紀最大の経済学者ケインズ。世界経済の動きとリアルタイムで対峙して財政・金融政策の重要性を訴えた巨人の思想と理論を明快に説く。

962 通貨を考える 中北徹

「円高はなぜ続くのか」「ユーロ危機はなぜくすぶり続けるのか」。こうした議論の補助線として「財政」と「決済」に光をあて、全く新しい観点から国際金融を問いなおす。

959 円のゆくえを問いなおす ――実証的・歴史的にみた日本経済 片岡剛士

なぜデフレと円高は止まらないのか？　このまま日本経済は停滞したままなのか？　大恐慌から現代へいたる為替と経済政策の分析から、その真実をときあかす。

851 競争の作法 ――いかに働き、投資するか 齊藤誠

なぜ経済成長が幸福に結びつかないのか？　標準的な経済学の考え方にもとづき、確かな手触りのある幸福を築く道筋を考える。まったく新しい「市場主義宣言」の書。

837 入門 経済学の歴史 根井雅弘

偉大な経済学者たちは時代の課題とどう向き合い、それぞれの理論を構築したのか。主要テーマ別に学説史を描くことで読者の有機的な理解を促進する決定版テキスト。

ちくま新書

581 会社の値段　森生明
会社を「正しく」売り買いすることは、健全な世の中を作るための最良のツールである。「M&A」から「株式投資」まで、新時代の教養をイチから丁寧に解説する。

427 週末起業　藤井孝一
週末を利用すれば、会社に勤めながらローリスクで起業できる！　本書では「こんな時代」をたくましく生きる術を提案し、その魅力と具体的な事例を紹介する。

628 ダメな議論 ――論理思考で見抜く　飯田泰之
国民的「常識」の中にも、根拠のない〝ダメ議論〟が紛れ込んでいる。そうした、人をその気にさせる怪しい議論をどう見抜くか。その方法を分かりやすく伝授する。

822 マーケティングを学ぶ　石井淳蔵
市場が成熟化した現代、生活者との関係をどうデザインするかが企業にとって大きな課題となる。著者はここを起点にこれからのマーケティング像を明快に提示する。

924 無料ビジネスの時代 ――消費不況に立ち向かう価格戦略　吉本佳生
最初は無料で商品を提供しながら、最終的には利益を得ようとする「無料ビジネス」。こんな手法が社会的に求められるのはなぜか？　日本経済のゆくえを考える。

928 高校生にもわかる「お金」の話　内藤忍
お金は一生にいくら必要か？　お金の落とし穴って何だ？　AKB48、宝くじ、牛丼戦争など、身近な喩えでわかりやすく伝える、学校では教えない「お金の真実」。

629 プロフェッショナル原論　波頭亮
複雑化するビジネス分野でプロフェッショナルの重要性は増す一方だが、倫理観を欠いた者も現れてきている。今こそその〝あるべき姿〟のとらえなおしが必要だ！

ちくま新書

701
こんなに使える経済学
――肥満から出世まで
大竹文雄編
肥満もたばこ中毒も、出世も談合も、経済学的な思考を上手に用いれば、問題解決への道筋が見えてくる！　経済学のエッセンスが実感できる、まったく新しい入門書。

807
使える！　経済学の考え方
――みんなをより幸せにするための論理
小島寛之
人は不確実性下においていかなる論理と嗜好をもって意思決定するのか。人間の行動様式を確率理論を用いて抽出し、社会的な平等・自由の根拠をロジカルに解く。

502
ゲーム理論を読みとく
――戦略的理性の批判
竹田茂夫
ビジネスから各種の紛争処理まで万能の方法論となっているゲーム理論。現代を支配する〝戦略的思考〟のエッセンスと限界を描き、そこからの離脱の可能性をさぐる。

610
これも経済学だ！
中島隆信
各種の伝統文化、宗教活動、さらには障害者などの「弱者」などについて「うまいしくみ」を作るには、「経済学」を使うのが一番だ！　社会を見る目が一変する本。

973
本当の経済の話をしよう
若田部昌澄
栗原裕一郎
難解に見える経済学も、整理すれば実は簡単。わかりやすさで定評のある経済学者・若田部昌澄に、気鋭の評論家・栗原裕一郎が挑む、新しいタイプの対話式入門書。

1006
高校生からの経済データ入門
吉本佳生
データの収集、蓄積、作成、分析。数字で考える「頭」は、情報技術では絶対に買えません。高校生でも、そして大人でも、分析の技法を基礎の基礎から学べます。

336
高校生のための経済学入門
小塩隆士
日本の高校では経済学をきちんと教えていないようだ。本書では、実践の場面で生かせる経済学の考え方をわかりやすく解説する。お父さんにもピッタリの再入門書。